le français retrouvé

Ce français qu'on malmène

Pierre Valentin Berthier
Jean-Pierre Colignon

www.editions-belin.com
BELIN

Des mêmes auteurs

Aux éditions Duculot :
Pièges du langage I et II (1978, 1979).
La Pratique du style (1re éd. 1978).

Aux éditions Solar :
Le Français pratique (1979) et le *Lexique [Dictionnaire] du français pratique* (1981).

Aux éditions Hatier :
Lexique des « faux amis » (1985).

Aux éditions Belin :
Le Français écorché (1988).

Aux éditions Sélection du Reader's Digest :
Chapitre « Dictionnaire » de *Bien écrire, parler juste* (ouvr. coll., 1988).

Illustration de couverture : Jacques Thomas

 ISSN 0291-7521 ISBN 2-7011-**1154**-4

Du français écorché au français malmené

Dans la préface du *Français écorché*, j'écrivais que, tout compte fait, la presse française pratiquait un français correct et compréhensible. Deux ans après, la lecture du présent volume tend à refroidir cet optimisme. Que s'est-il passé en si peu de temps ? Avons-nous subi, à notre insu, un séisme langagier ? Disons plutôt que, dans un processus de dégradation silencieuse, mais toujours plus rapide, la cote d'alerte a été atteinte.

Lapsus, étourderies et autres coquilles ne constituent pas une nouveauté. Ce qui est nouveau, c'est que ces fautes imprévisibles et fantasques cèdent de plus en plus la place aux lourds trébuchements de l'ignorance. Les 250 exemples réunis dans ce livre le montrent : on ne sait plus très bien prononcer ni écrire le français, encore moins placer la ponctuation ou appliquer les règles d'accord. Faute de connaître les ressources du vocabulaire, on bricole des monstres linguistiques, et les phrases se construisent au petit bonheur, sans souci de la syntaxe ni de la réalité qu'on prétend évoquer. Car la langue n'est pas seule à souffrir : également malmenées sont l'histoire, la géographie, la littérature... Voici l'avènement du français approximatif, dans la forme du message comme dans son contenu.

Les auteurs de ce livre ne consentent pas à cette démission. Véritables professionnels du maniement du français, ils sont à même de détecter les manquements commis. Et, naturellement, de les corriger, inlassablement. Ils ne veulent être que d'«humbles secouristes» cherchant à «défendre et à panser» notre langue ainsi mise à mal. Je dirais volontiers qu'ils sont les écologistes de notre patrimoine langagier : ils nous font prendre conscience du danger qui le menace, et mettent en évidence les comportements grâce auxquels chacun de nous peut contribuer à le préserver et à le développer.

La nature a failli mourir parce qu'on la tuait sans s'en apercevoir. La langue française pourrait bien être, elle aussi, menacée !

J. B.

Il n'échappera pas à l'œil du lecteur que notre détection des fautes les plus communes n'embrasse pas la presse française en général, et qu'elle s'est limitée à un espace restreint. Reviennent le plus souvent quatre titres : *le Monde* et *France-Soir* pour la presse parisienne, *la République du Centre* pour la presse quotidienne de province, *le Canard enchaîné* pour la presse périodique.

Ce n'est pas que nous éprouvions le moindre sentiment défavorable à l'égard de ces grands journaux, bien au contraire. Ils représentent à nos yeux des organes types de la presse française, chacun dans son domaine et chacun pour son lectorat. Leur importance est la raison même qui a guidé notre choix.

Et nous savons bien quelles sont les difficultés qui nuisent à la bonne présentation et à la parfaite qualité des journaux.

Les Auteurs

I. Prononciation

La prononciation est une affaire personnelle. Certains nasillent, d'autres zézaient ; certains ouvrent les voyelles (tel un ancien président de la République), d'autres les ferment (tel un de nos plus populaires chanteurs rock). Et, bien sûr, certains parlent le français avec ce qu'on appelle des accents : accent dit « méridional », accent alsacien, accent parisien, accent canadien, sans oublier aujourd'hui les accents maghrébins, africains, etc.

On ne s'est qu'exceptionnellement risqué à définir des règles de bonne prononciation du français. Et pour cause : au nom de quoi irait-on dire, par exemple, que les Français du Sud articulent moins bien notre langue que ceux du Nord ? Entre la bourgeoise de Neuilly, qui parle de sa « kaaâve » et le collégien de La Courneuve qui parle de sa « khiaève », peut-on dire qui a raison ? On ne peut même pas dire qu'ils ont tort tous les deux, sauf si l'on est soi-même persuadé de posséder une prononciation dépourvue de toute singularité, ce que contestera vivement le premier Français venu d'une autre région... ou d'un autre quartier.

Les fautes de prononciation – car elles existent – consistent, au sein même de son propre système articulatoire, à introduire une irrégularité ou à trahir l'identité sonore d'un mot ou d'une suite de mots. Quelle que soit la manière dont un individu articule « t » ou « z », il y aura faute s'il dit « un grand-z-événement », ou « un grand hévénement », au lieu d' « un grand-t-événement ». L'art de la liaison correcte est un des points essentiels de la prononciation.

Toutefois, dans la prononciation comme ailleurs, quand la faute est très souvent commise et par un très grand nombre de locuteurs, elle tend à cesser d'être une faute. On a dû ainsi constater, non sans regrets, que les Français de la région parisienne – entre autres – ne faisaient plus la différence, très sensible autrefois et encore aujourd'hui dans certaines autres régions, entre l'adjectif *brun* et le nom *brin,* ni entre la finale de *mangé* et celle de *mangeait*.

Il reste malgré tout des critères qui permettent de distinguer une prononciation négligente et confuse d'une prononciation claire et précise. Pour parvenir à cette dernière, il suffit en fait d'être attentif à ce qu'on entend et à ce qu'on lit, et d'éviter de s'aventurer sur des terrains où l'on est par trop maladroit. Seul un bon anglophone, par exemple, est capable de prononcer *compact disc*. Chez beaucoup de nos hommes de micro, qui n'ont pas l'agilité requise, cela donne « compacteu disc », ce qui n'est pas du français (en français, l'objet en question se dit *disque compact*) et pas davantage de l'anglais. Mais qu'importe ! Moins on sait l'anglais, plus on se pique de le parler. Il est même fréquent, aujourd'hui, d'entendre des mots allemands prononcés comme s'ils nous venaient d'outre-Manche ou d'outre-Atlantique. Le mot *hand-ball,* prononcé à tort « hand-bôll », en est un des plus anciens

exemples. Parmi les langues victimes de ces à-peu-près, on citera aussi l'espagnol, souvent confondu avec l'italien : le mot *plaza,* « la place », dont la prononciation exacte est « plaθa » (avec une dentale fricative) et qu'il conviendrait au moins de prononcer « plaça », devient systématiquement « plazza », comme « pizza » : encore un mot qui n'existe dans aucune langue puisque l'italien dit *piazza...*

Si le journaliste passant par téléphone son « papier » à une sténo d'un quotidien de l'est de la France avait bien articulé, les lecteurs du journal n'auraient peut-être pas pu lire, ébahis : « *L'intervention du député X... a suscité un pot au lait* » pour : *a suscité un beau tollé* ! Certes, cette « hénaurme » bévue n'aurait pas dû, par la suite, échapper à la rédaction en chef, aux secrétaires de rédaction... ni aux correcteurs (pour autant que la direction de ce journal ait conservé un « cassetin » de correcteurs...). Il n'en demeure pas moins qu'au départ de l'action il y a eu un manque de rigueur dans la prononciation.

On n'en finirait pas de relever les « cuirs », « pataquès », contrepèteries involontaires, confusions entre paronymes... commis par speakers et speakerines, voire par les journalistes de l'audiovisuel... notamment lorsque, pressés par le temps, ils dévident à toute allure des informations « au kilomètre ». Aussi avons-nous préféré ne relever ici que quelques erreurs de prononciation comptant parmi les plus fréquentes.

*
* *

1 Genèse se lit genèse

... un livre tout à fait remarquable sur la vie, l'œuvre, et surtout la génèse de l'œuvre de Marcel Pagnol... (« Les Dossiers de l'écran », Antenne 2, 24 juillet 1990)

L'honorable animateur de cette émission ignorait-il que *genèse* s'écrit avec un seul accent grave sur le deuxième *e* ? Pas forcément, car cette faute, très commune, est tout aussi bien commise *à la lecture* du mot correctement orthographié.

Il s'agit dans la plupart des cas d'une erreur de prononciation. Le son « gé » est apparemment induit de façon parasitaire par un rapprochement avec *génie, génération,* ou – qui sait ? – *génital.* Or on n'a jamais entendu parler, à propos du mot *genèse,* d'une exception à la règle très simple et très générale qui veut qu'un *e* non pourvu d'accent et précédant une syllabe qui commence par une seule consonne corresponde à une prononciation « eu ». Le *ge* de *genèse* ne peut donc être prononcé que comme le *jeu* de *jeunesse.*

Cette règle ne s'applique pas aux mots étrangers empruntés et non francisés, comme *un vade-mecum* (mot latin, prononcé « vadémékomm »), *un torero* (mot espagnol, prononcé « toréro »), *un condottiere* (mot italien, prononcé « condotière »), etc.

2 Petits empires et micro-États

Les micro(z')-États polynésiens.
(entendu sur RTL le 23 août 1989)

L'élément *micro-,* quoique orthographiquement séparé de l'élément suivant par un trait d'union, n'en est pas moins un préfixe, et ne saurait donc prendre la marque du pluriel.

3 Pas tout à fait-t-un ni tout à fait-z-un

Un spectacle qui n'en est pas tout à fait z'un.
(ouï sur la chaîne de télévision A2, au Journal de 13 heures, le 5 avril 1989)

Sans doute un spectacle que les gars des quat'zarts pouvaient regarder entre quat'-z-yeux ! (Noter ces orthographes : ça peut toujours servir...)

4 **« Vingteu-deux, vingteu-trois »**

Le vingteu-deux janvier, le vingteu-trois septembre, etc. (entendu maintes fois sur tous les postes)

Comme si le chiffre 20 s'écrivait, en lettres, *vingte*. On peut l'admettre à titre de licence poétique dans une chanson populaire comme celle de Georges Brassens : *le vingteu-deux septembre, à présent, je m'en fous...* Mais, dans les prosaïques informations du Journal parlé, cette syllabe inexistante, donc superfétatoire, devrait être épargnée aux téléspectateurs.

NOTE : Martinon, dans *Comment on prononce le français* (Larousse 1913, réimpr. 1946), condamne la prononciation « vin(g)te-deux », aussi incorrecte, observe-t-il, que le serait « cente-deux » pour 102. Mais qui, en 1990, a encore Martinon parmi ses livres de chevet ?

5 Un parcours qui n'est pas sans faute

Un monde étrange que nous parcourerons... (entendu – entre autres ! – le 22 juillet 1988 à la fin de l'émission « Thalassa », sur FR3)

Qu'on le regrette ou qu'on s'en félicite, le verbe *parcourer* n'existe pas, et le verbe *parcourir,* du 3e groupe (*je parcourais,* à l'imparfait de l'indicatif ; *parcourant,* au participe présent), donne au futur : *un monde étrange que nous parcourrons,* les deux *r* se faisant sentir à la prononciation. La conjugaison est celle du verbe *courir.* Notons que les futurs et conditionnels de *courir* et de ses composés, ainsi que du verbe *mourir,* sont les seuls cas où une consonne écrite doublée se prononce doublée (eh ! oui, la bonne prononciation de *collègue, allégeance additif,* etc., est [colègue], [alégeance], [aditif], etc.).

Non seulement on entend de plus en plus souvent des prononciations incorrectes, mais on est condamné à en lire dans les journaux les plus répandus. Dégustez :

Prise entre le pacte de Varsovie et l'OTAN, cette confédération allemande [RFA-RDA] ne serait-elle pas tentée, pour sortir de ce dilemne, de proclamer sa neutralité ? Elle créererait ainsi un état de fait que recherche l'Union soviétique depuis des décennies. (Le 1er décembre 1989, aux colonnes 4 et 5 d'une page publiée par Radio-Monte-Carlo dans la presse parisienne)

On saluera au passage la faute d'orthographe : « *dilemne* » au lieu de *dilemme* (avec deux *m* accouplés), mot issu du grec *di-*, « deux », et *lêmma,* « proposition préparatoire », qui n'a rien à voir avec l'île de Lemnos et ses Lemniades et, de ce fait, ne comporte pas la lettre *n*. Un *dilemme* est un choix épineux, qui pose un cas de conscience, entre deux possibilités dont aucune n'est satisfaisante. Cela dit, nous avons, plus que par ce « dilemne » imbuvable, été effarés par la forme inattendue qu'a prise ici le verbe *créer* au conditionnel présent : « *créererait* », qui rejoint (mais cette fois il s'agit d'un verbe du 1er groupe, facile à manier) le « *parcourerons* » ouï sur les ondes et pourfendu ci-dessus. Le conditionnel de *créer* est pourtant simple : *je créerais, nous créerions, ils créeraient.* Le rédacteur s'est emmêlé dans le double *e ;* quel risque n'eût-il pas couru avec le participe passé féminin et son triple *e : créée ! Créererait* est-il un pataquès de rédaction hâtive, un simple lapsus de machine à écrire, ou, plus gravement, la tentative de transcription d'un conditionnel prononcé « crerrai » et non [crérai], comme il convient ?

De cette aberration, on rapprochera la tendance à la gémination abusive des consonnes, dans le mauvais parler : on entend ainsi « *on ll'a vu* », « *tu ll'as bien dit* », au lieu d'*on l'a vu, tu l'as bien dit.*

orthographe
ph
f
ph
f
ph
T. THOMAS

II. Orthographe

L'orthographe se subdivise en « orthographe d'usage », « orthographe grammaticale » (ou « d'accord ») et « orthotypographie »... Cette dernière composante fait l'objet de notre troisième chapitre tandis que la seconde nourrira notre cinquième chapitre.

Logiquement, pensons-nous, il faut commencer par l'orthographe d'usage (patatras ! la logique en prend un sérieux coup au passage, avec le mot *orthographe,* qui défie le raisonnement : c'est *orthographie* [qui eut cours jusqu'au XVIIe siècle] qu'il faudrait dire !). Cette « orthographe d'usage » que veulent bouleverser quelques contestataires maximalistes partisans d'une réforme radicale aussi bien que d'éminents linguistes, qui, eux, pour la plupart, parlent de « modernisation », d'« aménagement » et d'« adaptation ».

Pour dix linguistes dont l' « appel » fut publié dans *le Monde* du 7 février 1989, « seule [...] une langue parlée et écrite aisément par tous peut se défendre et s'épanouir ». Leurs propositions suscitent l'ironie acerbe, mordante, des défenseurs passionnés de l'orthographe, souvent de grands écrivains et de grands journalistes : « L'idée de réformer le français pour le rendre plus facile me paraît une aberration d'êtres médiocres. » (Hector Bianciotti, *le Figaro-Madame,* 24 mars 1989.) Pince-sans-rire, un autre commente : « C'est sans doute là nouvelle pédagogie que de simplifier en donnant deux graphies là où il n'y en avait qu'une. »

Bien évidemment, une réforme quelque peu importante, qui irait au-delà des retouches que toléreraient (du bout du stylo) des personnes comme le scénariste, dialoguiste et parolier Jean-Loup Dabadie (« Toute réforme de l'orthographe appelle à dévoyer la langue ») ou M. Raymond Lévy, P.-D. G. de Renault (« Rien ne saurait autoriser, me semble-t-il, un Français soucieux de sa langue, et plus particulièrement un enseignant, à négliger tout ce qui doit être fait pour que l'orthographe actuellement en vigueur soit effectivement enseignée et respectée »), aura bien du mal à s'imposer. Tout bonnement parce qu'elle entraînerait pour de nombreuses décennies un extraordinaire chambardement, un fantastique chaos, qui apparaîtra aux yeux des Français comme une calamité bien pire que les exceptions et bizarreries dont les partisans de la réforme font (à l'excès ?) des gorges chaudes.

Comme le reconnaissaient les « dix » dans la première phrase de leur appel, « les Français n'ont pas à rougir de leur orthographe, qui est dans l'ensemble régulière et plus cohérente qu'on ne le croit » – et nous ratifions entièrement ce propos. En effet, il y a de véritables et nombreuses constantes orthographiques dans la langue française ; mais ces constantes semblent mal perçues, voire ignorées. Peut-être parce qu'à l'école on met l'accent sur les « exceptions », sans exposer pour autant lesdites constantes graphiques...

Les auteurs du présent livre, eux, refusent de s'engager aux côtés des adeptes d'un immobilisme crispé, frileux – et de la même façon ne soutiennent en aucun cas les tenants d'une réforme outrancière. En tout domaine, il convient de se souvenir que le mieux est l'ennemi du bien, et l'on ne voit pas quel bénéfice il y aurait à remplacer par de nouvelles exceptions (forcément !) des bizarreries actuelles plutôt bien connues de l'ensemble, ou presque, des Français.

À partir des bévues collectées à travers la presse écrite, nous rappelons donc des règles que tout un chacun se devrait de connaître, des règles faciles à

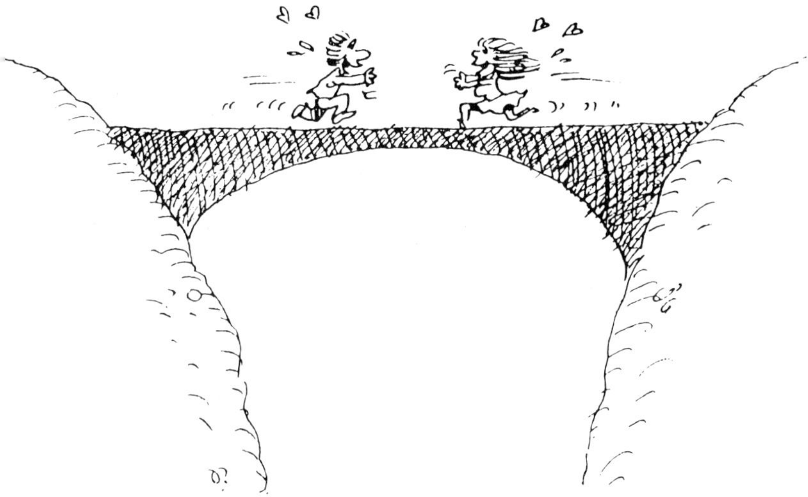

retenir, le plus souvent, et qui recoupent le bon sens, le raisonnement. Si *garde-malade* s'écrit avec un trait d'union, c'est que *garde* est ici une forme verbale du verbe *garder,* et qu'il y a ellipse d'un article (un *garde-malade* = une personne qui garde *un* [ou *des*] malade[s]) ; au contraire, il n'y a aucune raison de mettre un trait d'union dans *un garde champêtre* (*garde* est alors un nom, suivi de l'épithète *champêtre* : nulle ellipse dans ce cas !).

Un *hippopotame* est un « cheval qui vit dans le fleuve, dans l'eau ». On doit retrouver dans l'orthographe de ce mot la racine grecque *hippo(s),* « cheval », qui figure aussi dans *hippocampe, hippodrome, boucherie hippophagique...* et non l'autre racine grecque homonyme – *hypo,* « sous, en dessous » – qui entre dans la composition d'*hypocalcémie, hypocondriaque,* etc.

Si *kilowattheure* a pour symbole légal *kWh,* et non « *kW/h* », c'est que cette unité d'énergie ou de travail n'exprime pas « *x* kilowatts par heure », mais qu'un *kilowattheure* désigne le travail exécuté pendant une heure par une machine dont la puissance est de 1 kilowatt. En revanche, *kilomètres (à l') heure* doit bien s'abréger en *km/h,* puisqu'il s'agit du nombre de kilomètres à l'heure.

Si dans *dahlia* le *h* précède le *l* (consultez le dictionnaire), c'est que cette fleur doit son nom au botaniste suédois *Dahl* ; savoir que M. *Fuchs* (« renard » en allemand) a donné son nom au *fuchsia* fournit l'orthographe de ce dernier nom.

Si, au singulier, *porte-avions* a bien un *s* à son second élément, c'est que ce bâtiment est aménagé pour le transport, le décollage et l'appontage *des avions* d'un groupe de chasse, d'une escadrille, etc.

Faites-nous de la bonne logique, et nous vous ferons une bonne orthographe...

*
* *

6 Un *h* suffit au philatéliste

PHILATHÉLIE : tel est, dans sa graphie exactement reproduite, le titre de la dernière page du numéro 49 (1er trimestre de 1989) du *Bulletin des Œuvres hospitalières françaises de l'ordre de Malte.*

La faute est encore soulignée par le fait que le second *H,* celui qui est de trop, est imprimé en noir entre un *T* et un *E* imprimés en rouge, les couleurs étant alternées de lettre en lettre ! Tout à fait superflu, ce *H*, car le mot s'écrit : *philatélie.* Il est composé de deux éléments grecs : *phil-* (de *philein,* « aimer ») et *-atélie* (de *ateleia,* lui-même issu de

telos, « impôt », derrière le privatif *a* ; l'affranchissement des lettres étant considéré comme une charge imposée dont on se libère, le timbre-poste est regardé comme une *ateleia,* une « exemption d'impôt »). Selon l'étymologie du mot, la *philatélie* est l'« amour » des timbres-poste grâce auxquels l'expéditeur d'une lettre « se décharge d'une taxe »... en l'acquittant. En fait, c'est ce qui concerne les timbres et l'art de les collectionner.

Nous avons eu la grande satisfaction de voir cette faute d'orthographe réparée dans le numéro 52 (4e trimestre 1989) de la publication, dont la page 8 annonce la rubrique ainsi : *PHILATÉLIE,* c'est-à-dire comme il faut. Cependant, comme il n'est pas de plaisir sans mélange, la chronique commence plutôt mal : *Les postes magistrales viennent d'émettre différents timbres, dont un tryptique parfaitement réussi* – mais qui l'eût été davantage encore sans l'interversion de lettres qui en dérangeait l'orthographe ; en effet, c'est *triptyque* qu'il faut écrire, et non « *tryptique* » : l'*y* ne vient qu'à la deuxième syllabe, la première étant constituée par le préfixe *tri-,* qui veut dire « trois ». Le mot vient du grec (toujours lui, décidément !) *triptukhos,* qui signifie « plié en trois » ; il désigne un ouvrage peint ou sculpté comportant un panneau central et deux volets latéraux.

7 Prenez sans délai le relais

Élisabeth Jacquet de La Guerre figure dignement dans ce peloton masculin qui assure le relai jusqu'à l'arrivée de Rameau, un demi-siècle plus tard. (*Télérama* n° 2077, du 4 au 10 novembre 1989)

Le français qu'on malmène, c'est particulièrement son orthographe qu'on estropie ! Ainsi en est-il du pauvre *relais* que nombre de scripteurs de toutes plumes veulent à tout prix aligner sur *délai.*

Le *Dictionnaire des rimes* de Pierre Desfeuilles (éd. Garnier, « Les usuels du français », 1985) se montre, lui, très éclectique ; page 18, il mentionne le mot *relai* dans les rimes en *-ai* telles que *balai, délai, remblai.* C'est évidemment une erreur, car « relai » n'existe pas, et l'on ne saurait exciper d'une licence poétique éventuelle, car la suppression du *s* pour assurer une rime visuelle n'a jamais été tolérée, en bonne versification, que dans la conjugaison, à la 1re personne du singulier du présent de l'indicatif (ex. : *je me souvien* rimant avec *chien* dans le *Jocelyn* de Lamartine ; *je fai* rimant avec *hai* dans *les Femmes savantes* de Molière, etc.). Page 27, au contraire, l'auteur donne la graphie correcte, *relais,* dans les rimes en *-ais,* en compagnie de *Malais* et de *palais.* En réalité, c'est ici seulement qu'il a raison : *relais* prend un *s* final au singulier comme au pluriel, et c'est commettre une faute que de l'en amputer.

8 Les poches pleines d'indulgences plénières

Et Médecin le proprio qui se paye en indulgences pleinières. (dans la bulle d'un dessin de Cabu, 31 mai 1989)

Inadvertance, cher Cabu : si l'adjectif *plein* comporte bien un *i,* cette voyelle disparaît dans ses dérivés simples : *plénier* (fém. *plénière*), *plénitude, plénipotentiaire*, au profit d'un accent aigu sur l'*e.* En revanche, l'*i* subsiste dans les dérivés composés : *plein-emploi* (ou *plein emploi*), *plein-temps, plein-vent, terre-plein.*

REMARQUE : Pas de parenté avec *de plain-pied,* où le premier élément (*plain,* avec un *a*) signifie « plan », « plat », « uni » et appartient à la même famille que *plaine* (cf. aussi *plain-chant*).

9 La crête de la Crète

Suspense, pulsions sado-masochistes, meurtre, écument la crète de l'insoutenable vacuité de l'être. (*Thalassa,* n° 36, novembre 1989)

Les écoliers de France savaient naguère que « l'accent circonflexe de la *cime* est tombé dans l'*abîme* » – formule plus mnémonique que grammaticale, certes ! Aujourd'hui, si l'on en croit une toute récente proposition de réforme, le fameux accent circonflexe est en passe de tomber encore plus bas, puisqu'on veut en décoiffer l'*abîme.* Quoi qu'il en soit, *crête,* un synonyme de *cime* d'ailleurs, a bien, lui, un « chapeau » sur son premier *e,* contrairement à l'île grecque de Méditerranée : *la Crète,* dont le nom comporte un accent grave... et c'est un accent aigu que l'on trouve dans le gentilé (*les Crétois*).

10 Drainer n'est pas traîner

La situation est [...] compliquée pour les mouvements d'opposition un peu dépassés par l'ampleur des foules qu'ils draînent dans les églises et dans la rue. (*le Monde,* 21 octobre 1989)

Non : le verbe *drainer* ne prend pas d'accent circonflexe sur le *i.*

Relevons aussi un défaut de ponctuation : l'auteur de l'article évoque certainement l'ensemble des mouvements d'opposition, et non point seulement certains d'entre eux. Il aurait donc fallu une virgule après *opposition.* Car, tel qu'il est ponctué, le texte signifie « pour certains mouvements d'opposition un peu dépassés... ».

11 Une « pantomime » qui a mauvaise mine

Les plus ridicules ont été les faire-valoir bien rémunérés de cette pantomine télévisée. (dans *la République du Centre* [Orléans] du 15 mai 1989, sous le titre *Pantomine*)

Tant dans le titre de l'article que dans le texte, la faute rayonne en toute sa splendeur ! Le mot *« pantomine »* n'existe pas. Le vocable réel est *pantomime,* qui est de la même famille que *mime, mimique* et *mimodrame.* Il vient d'un mot grec où l'on trouve *pan,* signifiant « tout », et *mimos,* « qui imite » ; soit : « qui imite tout ». La *pantomime* est un spectacle d'imitation et d'expression muettes et, au figuré, une gesticulation ridicule. Il faut bien se souvenir qu'il y a deux *m* dans ce mot.

Les journaux sont exposés à ce genre de fautes par la hâte avec laquelle ils sont fabriqués. *Le Canard enchaîné* (10 janvier 1990) relève cette graphie loufoque dans *Ouest-France* du 16 décembre précédent : *panteaumine.* Qui dit mieux ?

12 Bailliage

Autre grand visage du département : Amiens. [...] À visiter : [...] la tour Perret, le baillage, le quartier de Saint-Leu. (lu le 26 août 1989 dans un quotidien parisien)

Affaire d'orthographe, qui fera peut-être hausser les épaules aux réformateurs : il faut écrire *bailliage,* avec deux *i* de part et d'autre du double *l.* La raison en est l'étymologie, le *bailliage* étant (ou plutôt, en France, ayant été) la juridiction d'un *bailli,* agent royal sous l'Ancien Régime. De nos jours, on dit encore : *le bailliage de Guernesey,* dans les îles Anglo-Normandes.

13 Féerie

Franco Zeffirelli [...] veut toujours transformer la réalité en féérie. (dans une rubrique cinématographique, le 5 décembre 1988)

Le deuxième *e* de *féerie* a été, ici, coiffé à tort d'un accent aigu. Ce mot s'écrit avec un seul *e* accentué, le premier, car il est dérivé de *fée.* En diction théâtrale classique, on prononçait même « fé-e-rie » en détachant le *e* médian, qui en versification valait un pied ; aussi les poètes évitaient-ils généralement le mot, qu'on ne trouve guère dans les pièces de vers.

14 Psychanalyse

Saint Georges face au dragon. Un mythe ou une vision psychanalisante de l'homme face aux monstruosités de son inconscient. (*Vécu,* magazine des éditions Glénat consacré à la bande dessinée historique, n° 40, 1989)

L'adjectif verbal *psychanalysant(e)* doit évidemment s'écrire avec deux *y,* comme dans *psychanalyse,* ces mots comportant l'élément *analyse.*

On doit souvent déplorer la confusion entre *annaliste,* nom qui désigne un auteur d'annales, et *analyste,* substantif qui est un synonyme de *psychanalyste* et qui, en outre, s'applique à des spécialistes de l'analyse financière, informatique ou mathématique... D'où la prolifération de monstrueux « *annalystes* » !

15 Ça, c'en est trop

C'était une bonne idée sur le papier que de faire entrer autant de syndicalistes dans le gouvernement. Ç'en est une mauvaise sur le terrain que de faire refuser aujourd'hui de légitimes revendications par ceux qui les soutenaient hier. (*France-Soir,* 23 octobre 1989)

La consonne *c* ne prend une cédille que devant les voyelles *a, o* et *u* (par exemple dans : *ça, façon, reçu*). Majuscule ou minuscule, cela ne change rien à la chose ; il fallait donc écrire et composer ainsi : *C'en est une.* De même, on écrira : *c'eût été* (et non : « *ç'eût été* »). Au contraire, on mettra une cédille au *c* dans : *ç'aurait été,* sinon il prendrait le son « k » au lieu du son « ss » qu'il a régulièrement sans cédille devant les voyelles *e, i* et *y.* La cédille devant *e* et *i* existe toutefois dans des mots étrangers (exemple : *le dieu Çiva,* divinité de la religion hindoue), qui échappent, bien entendu, aux règles de notre langue.

Dans la phrase ci-dessus, notons que *tant* eût mieux convenu que *autant,* qui sous-entend en principe une comparaison, alors qu'ici l'on voulait dire simplement « un si grand nombre (= tant) de syndicalistes ».

16 Justine, fine luronne et mignonne voisine

Dans les massifs du Briançonnais [...] l'altitude des sommets avoisinnent les 4 000 mètres et même les dépasse [...]. (*Hautes-Alpes,* Guide de l'art et de la nature, Nathan, 1985)

Le redoublement du *n* ne se justifie aucunement dans cette conjugaison du verbe *avoisiner* (et il en serait de même, naturellement, s'il s'agissait de *voisiner*), qui fait bien : *il avoisine, il avoisina, ils avoisinaient,* etc. En outre, une inadvertance a fait accorder le verbe non point avec le sujet singulier *(altitude)* mais avec le complément de celui-ci *(sommets),* qui est pluriel. Bien entendu, on devait écrire : *l'altitude... avoisine,* et non « *avoisinent* ».

On observera que la voyelle *i* n'est qu'exceptionnellement suivie d'un double *n*, contrairement aux voyelles *a, e, o.* Comparer *an/année ; ruban/enrubanné ; chien/chienne ; bon/bonne, chanson/chansonnette, béton/bétonner,* mais *fin/fine ; lapin/lapine ; jardin/jardiner,* etc.

17 Que prend-on ? Que boit-on ? Que mange-t-on ?

Quelles raisons Élisabeth C.-B. avait-t-elle de faire parvenir tant d'argent à Bruno D. ? (*France-Soir*, 11 août 1989)

Le virus du SIDA descend-t-il du singe ?, par Louis de Brouwer. (titre de couverture et de texte dans *l'Ère nouvelle*, n° 77, novembre-décembre 1988)

L'inversion dans les formes verbales n'implique pas toujours l'emploi d'un *t* intermédiaire. Toute forme verbale terminée par un *-t* exclut absolument cette redondance. On écrira donc *avait-elle*. Mais, à la liaison, le *-d* final des formes verbales se prononce également « t ». On doit donc écrire : *descend-il*. De même, on écrira : *répond-il* (et non « *répond-t-il* »), *perd-il, vend-elle ;* et aussi : *à quelle heure prend-on le thé ?* (et non « *prend-t-on* »). En revanche, on doit écrire : *vainc-t-il, très malaisément le convainc-t-on,* tout comme pour les verbes en *e* : *mange-t-il ?, quand le juge-t-on ?* En résumé, seules les formes verbales en *-t* et en *-d* se dispensent du *t* intercalaire.

NOTE : Quand le *-t-* vient en fin de ligne, il est recommandé de le faire passer au début de la ligne suivante. Exemple : *Quand Gertrude viendra- t-elle nous voir ?*

18 Coin, coïn, co-in

Les exemples contemporains de détournement d'une technique, faute d'un équipement éthicointellectuel suffisant sont innombrables. (relevé dans un numéro de 1982 de la *Revue de l'électricité*)

Sans conteste, il fallait mettre une seconde virgule dans cette phrase, et la placer après le mot *suffisant,* qui termine une incidente. Mais l'absence d'un autre signe est non moins regrettable : un trait d'union aurait été le bienvenu qui eût séparé les deux parties de l'adjectif composé *éthico-intellectuel.* En effet, dans notre langue, le groupe *oim, oin,* se prononce

« ouin » ; c'est le cas, par exemple, dans *coin, loin, soin, appointer, rejointoyer,* etc. Quand, au contraire, la nasale *in* doit, comme ici, se détacher du son voyelle *o,* il est nécessaire de manifester dans l'écriture qu'il y a deux syllabes à la diction ; pour cela, la graphie offre deux moyens : soit mettre un tréma sur l'*i,* ainsi qu'on le fait dans *coïncidence, coïnculpé,* etc., soit placer un trait d'union entre les deux éléments, comme on le fait à l'occasion pour *pakistano-indien* et comme cela se pratique aussi pour *radio-immunologie,* bien que, dans ce dernier mot, *im* ne traduise pas le phonème nasal. Cette règle vaut en effet quand, au lieu de la nasale *im, in,* on a simplement la voyelle *i ;* ainsi, l'on doit écrire *radio-isotope* avec un trait d'union parce que, réuni, le groupe *oi* donnerait la prononciation « oua ». Des publications scientifiques ont ignoré ou transgressé parfois cette prescription.

NOTES : 1° Même des dictionnaires ont laissé *oin* sans tréma ni trait d'union dans ce cas d'espèce, au risque de prôner la diphtongue ; Quillet 1938 donnait ainsi *coinculpé,* bien qu'il écrivît *coïndication* avec tréma. – 2° Lorsqu'on francise le nom de *Coimbra,* ville universitaire portugaise, il est traditionnel de coiffer l'*i* d'un tréma : *Coïmbre.*

19 Il n'y a pas d' « il y-a »

Y-a-t-il un changement dans la conception de la cuisine depuis que l'homme met de plus en plus la main à la pâte ? (*Ouest-France,* 24 janvier 1990)

La faute relevée ici dans le grand quotidien de l'Ouest mérite d'être signalée en raison de sa fréquence. En effet, ce trait d'union superfétatoire entre *y* et *a* surgit très fréquemment dans les textes imprimés...

Le *-t-* dit « analogique » doit être encadré de deux traits d'union (voir p. 24), mais *y* et *a* sont respectivement un adverbe et un verbe qui méritent qu'on les laisse séparés. Car enfin, on écrit bien *Il y a de l'orage dans l'air, Il n'y a personne,* et non point « *Il y-a de l'orage* » ou « *Il n'y-a personne* ».

20 Le créateur même du rôle-titre

À la création, la pièce comptait moults personnages ; réduite à un seul par le créateur-même du rôle titre, cette comédie satirique devient plus aigre encore, plus méchante. (*Télérama,* n° 2088, 20-26 janvier 1990)

Cette phrase dénote un certain embarras dans le maniement du trait d'union.

Le trait d'union est intempestif entre *créateur* et *même* ; il est facile, pourtant, de retenir que *même(s)* n'est précédé d'un trait d'union que lorsqu'il est uni à un pronom personnel : *lui-même, nous-mêmes,* etc.

En revanche – compensation involontaire ! –, il fallait un trait d'union entre *rôle* et *titre* : *Dans le*

rôle-titre du Cid, Gérard Philipe (oui : deux *p* seulement au total !) *a enthousiasmé les spectateurs. Titre* n'est pas un substantif employé comme adjectif pour qualifier le mot *rôle.* Les deux termes sont sur le même plan, et forment une entité indissociable ayant une acception particulière.

Quant au pluriel *moults,* il pose un problème stylistico-grammatico-métaphysique. Si l'on en croit les dictionnaires d'aujourd'hui, il existe en français un adverbe *moult,* signifiant « beaucoup ». Il est précisé que ce mot est « vieux » ou « vieilli ». Assurément, il l'est, et quiconque l'emploie y met toujours une coquetterie affichée, une affectation d'archaïsme et une once de plaisanterie.

Si *moult* est adverbe, il est invariable et ne peut se rapporter à un nom. « *Moults personnages* » est donc une faute. Objection ! De même qu'il existait en ancien français un adverbe *moult,* issu du latin *multum,* « beaucoup », il existait un adjectif *moult,* issu du latin *multus,* « nombreux », avec un féminin *moulte* et des pluriels *moults* et *moultes*. L'adjectif a disparu du français au XVIe siècle : il est donc considéré comme un terme d'ancien français, et ne figure pas dans les dictionnaires. L'adverbe, lui, s'est maintenu jusqu'au XVIIe siècle : il fait donc partie du français « moderne ». Mais aujourd'hui, et depuis longtemps, il a totalement déserté notre langue, sauf dans ces emplois affectés et humoristiques dont nous parlions. Il n'y a plus aucune différence de statut entre l'adjectif *moult, moulte* et l'adverbe *moult ;* pour être cohérents, les dictionnaires actuels devraient signaler les deux mots.

21 Le boute-en-train bout en train

Extraverti, bout en train, volubile, pour mieux cacher sa détresse. (*France-Soir*, 16 janvier 1990)

Quel « bout » peut bien être ainsi « en train », et en train de quoi ? Bah ! Aux rares personnes qui l'ignorent, que ceci soit pour nous l'occasion d'exposer qu'un *boute-en-train* est, au sens propre, un animal domestique mâle qu'on utilise pour mettre les femelles en appétence d'accouplement, mais qui, toutefois, en restera frustré. Au sens figuré, un *boute-*

en-train est un joyeux luron qui anime par sa gaieté les soirées les plus mornes. Dans ce dernier sens, aujourd'hui le plus répandu et le mieux compris, *boute-en-train,* nom masculin invariable, fait revivre le vieux verbe *bouter,* à l'origine « mettre » (puis « pousser », « lancer », « chasser », etc.) ; le *boute-en-train* « met » les autres « en train », c'est-à-dire « en bonne disposition physique, de bonne humeur » (Petit Larousse), « en gaieté » (Littré).

22 Les lettres (de noblesse) du roi Baudouin

A Bruxelles, berceau de la BD européenne, où justement le roi Baudoin inaugurait le Centre belge de la bande dessinée... (*Télérama,* n° 2076, 25 octobre 1989)

Dans la presse française, le prénom du roi des Belges (attention : ne pas dire « roi de Belgique », ce serait une incongruité !) est couramment « massacré » par l'omission du second *u* de ce nom propre à la Flandre. En effet, il faut écrire *Baudouin,* qui rime – richement – avec *Bédouin...* et ne pas aligner le royal prénom sur le patronyme du fantaisiste français Jacques Bodoin, qui nous divertissait naguère encore avec les aventures de son affreux garnement de Philibert ! – À noter que le nom de Baudoin (sans second *u*) a été porté au XVIIe siècle par un érudit prénommé Jean, élu académicien en 1634, et, plus près de nous, par un peintre prénommé Paul Albert. Mais les Baudouin, nom et prénom, sont beaucoup plus répandus.

23 De la Saône-et-Loire au Loir-et-Cher

Outre la biographie définitive du martyr de la Résistance, on y trouve [...] une monographie d'une incroyable précision sur la vie d'un département français (Eure-et-Loire) en 1940. (*le Monde*, 14 novembre 1989)

Les habitants de l'*Eure-et-Loir* auront sursauté à la vue de ce « *Loire* »... L'éditeur et ses assistants auraient pourtant dû éviter cette bévue : il suffit de connaître un moyen mnémonique qui consiste à savoir que dans tous les noms de départements finissant par *Loir* ou *Loire* l'autre élément a un nombre de lettres (4 ou 5) équivalent au nombre de lettres de *Loir* ou de *Loire*. *Eure* (4 lettres) indique donc que l'associé doit être *Loir* (4 lettres) ; *Indre* (5 lettres) vous enseigne qu'il s'agit de la *Loire*. Cette amusante constante orthographique ne souffre pas d'exceptions : *Eure-et-Loir, Loir-et-Cher, Indre-et-Loire, Maine-et-Loire, Saône-et-Loire.*

24 L'halogène est bien de chez nous

Une rampe de douze projecteurs allogènes dont les tiges entraient les unes dans les autres... (lu dans un manuscrit)

L'adjectif *allogène,* du grec *allogenês,* « d'une autre origine », avec les éléments *allo-,* « autre », et *-genês,* « né de », veut dire : « qui est né ailleurs » ; c'est le contraire d'*indigène,* dont le sens est : « qui est né à l'intérieur », « qui est du pays où l'on se trouve ». La question qui vient tout de suite à l'esprit est : comment un projecteur peut-il, comment une rampe de projecteurs peut-elle, être allogène ? — La réponse réside dans la dénonciation d'une confusion. Il s'agit de projecteurs *halogènes.* L'élément final, *-gène(s),* est le même que dans *allogène,* mais l'élément initial, *halo-,* qui s'écrit avec un *h* et un seul *l,* dérive du grec *hals, halos,* « sel », et confère au mot un sens tout à fait différent. Le projecteur *halogène* (ou : *à halogène*), utilisé notamment pour le tournage des films, est un luminaire à incandescence dont l'efficacité est renforcée par l'*halogène* qu'il contient. Le mot *halogène* a été créé par le chimiste suédois Berzelius (1779-1848) pour désigner le chlore, le fluor, le chrome et l'iode, corps simples qui, en se combinant aux métaux, peuvent former des sels. C'est donc l'homonymie qui cause la confusion graphique. L'initiale *h* du mot *halogène* et de ses dérivés est muette ; on élide : *un atome d'halogène, l'halogénure de diazonium ;* on fait la liaison : *un [n'] halogène.* Ce qui confirme encore l'homophonie et n'est pas fait pour rendre la faute moins fréquente.

25 Les accros déchirent le tissu social

Le public d'un spectacle populaire se partage généralement en deux groupes. D'un côté, les"accrocs" du souvenir, qui ne veulent absolument pas louper une miette visuelle du spectacle... (*la Voix du Nord,* « J'ai rien vu, mais j'dirai tout », 16-17 juillet 1989)

Il s'agit ici – tout le monde l'aura deviné – d'un commentaire sur le fabuleux défilé du 14 juillet 1989 dû à Jean-Paul Goude... défilé controversé, certes, mais assurément étonnant. Le journaliste a confondu à plusieurs reprises le mot *accroc,* employé au pluriel, avec l'abréviation familière et à la mode *accro* (pluriel : *accros*), mot obtenu par apocope à partir d'*accroché.*

L'apocope consiste à retrancher les dernières lettres d'un mot – et les exemples suivants montrent que les abréviations populaires ainsi obtenues se terminent généralement sur une voyelle : *surgé* (surveillant général), *calva* (calvados), *alu* (aluminium), *ciné* (cinéma)... C'est donc *accros* qui convenait ici, au sens voisin de « fans », de « passionnés ». En effet, cette abréviation n'a pas uniquement l'acception particulière de « toxicomane(s) », de « personne(s) dépendante(s) d'une drogue ».

L'apocope aboutit souvent à la formation de mots de deux syllabes, ce qui ne fait que renforcer la majorité, déjà effective, des termes dissyllabiques au sein du vocabulaire français courant.

Rappelons au passage que le « contraire » de l'apocope est l'aphérèse, qui consiste à retrancher le début des mots. D'où : *Ricain* pour *Américain, pitaine* pour *capitaine, troquet* pour *mastroquet,* etc.

26 Le court couvert n'a plus cours à la Cour

Une piscine, 6 cours de tennis, ping-pong, [...] un centre d'équitation... vraiment il y a de quoi s'en donner à cœur joie (dans un prospectus publicitaire intitulé « Célibataires », édité par Club Actuel, Paris, juillet 1989)

Il faut écrire : un *court* de tennis, ou simplement un *court.* Le mot est emprunté à l'anglais *court* = « terrain de tennis », lui-même dérivé de l'ancien français *court,* lequel a depuis perdu son *t* final pour devenir *cour.* Avec son *-t* étymologique, *-court* se retrouve dans les toponymes *Billancourt, Mirecourt,* et tant d'autres. La *court* du Moyen Âge était surtout une enceinte fortifiée : le mot découle du latin *cohortem*, « quartier d'un camp », puis « troupe occupant ce quartier » d'où « cohorte ».

L'adjectif *court(e)* a une étymologie différente : latin *curtus,* « tronqué ».

Voici que nous retrouvons le même mot à propos d'une faute essentiellement différente :

Le PC [le parti communiste tchécoslovaque] [...] *demande l'élection du président au suffrage universel et prend l'ex-opposition de cours.* (en sous-titre, page 5 de *France-Soir,* 13 décembre 1989)

Le texte, au-dessous, rectifie le tir fort heureusement et rétablit la bonne graphie : *prenant ainsi de court Forum civique.* Qu'on soit *pris de court* ou *à court de* ressources, l'idée est celle de temps ou de quantité insuffisants. C'est à l'adjectif *court,* évoquant la petitesse, qu'il faut alors songer.

27 Le martyre du martyr

Ce fut peut-être cette cité mystique [Rome] qui donna le talent au père Malagrida d'écrire la vie de sainte Anne, que le saint esprit lui dicta aussi : mais le pauvre jésuite dut en souffrir le martyr. (*Histoire

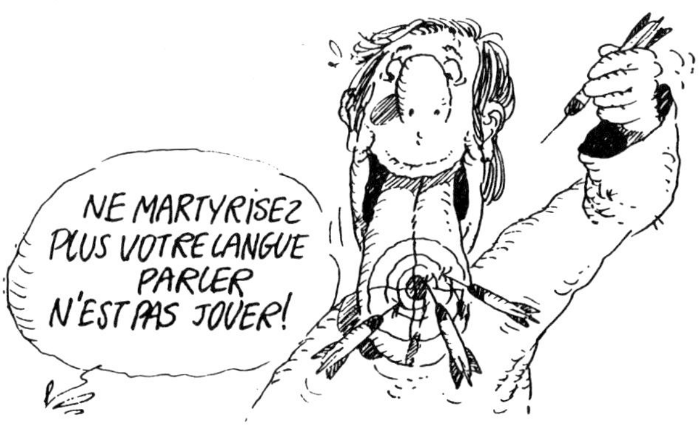

de ma fuite des prisons de la république de Venise qu'on appelle les plombs, par Jacques Casanova de Seingalt ; Leipzig 1788, rééd. Allia, Paris 1987)

Casanova a rédigé ce livre en français. L'éditeur moderne rappelle en introduction ce que déclarait l'auteur dans la préface dc ses *Mémoires* « à propos des maladresses et des fautes de langue d'un Italien écrivant en français » : « J'ai écrit en français et non en italien parce que la langue française est plus répandue que la mienne, et les puristes qui me critiqueront pour trouver dans mon style des tournures de mon pays auront raison si cela les empêche de me trouver clair. » Il n'est point question pour nous de chicaner Casanova sur son style, alerte mais peu surveillé ; nous citons le morceau ci-dessus uniquement à cause du mot « *martyr* », mis à la place de *martyre.* Il est évident que c'est *martyre* qu'il fallait : *le martyre* est le supplice infligé *au martyr,* ou à *la martyre* s'il s'agit d'une femme. On écrit : *Par cette chaleur, j'endure le martyre* (avec un *e* final), mais : *Le jeune orientaliste français Michel Seurat, disparu en 1986, fut un martyr de sa vocation.* L'explication historique de cette spécialisation orthographique est la suivante : *martyr* (= la victime) et *martyre* (= le supplice) sont tirés de deux noms latins (eux-mêmes copiés du grec) différents : *martyr* pour le premier, *martyrium* pour le second.

28 En détonant ainsi, Monsieur, vous détonnâtes

La première dame d'U.R.S.S. a gagné sur toute la ligne, avec un mélange détonnant de décontraction et d'autorité. (*France-Soir,* 2 décembre 1989)

La confusion est ici certaine aux neuf dixièmes. En effet, qu'a voulu dire le rédacteur ? Un *mélange détonant,* sans consonne doublée, c'est, nous dit le Grand Larousse, un « mélange de deux gaz qui peuvent exploser en se combinant » ; en bref, un mélange qui produit une *détonation. Détonant* est l'adjectivation du participe présent du verbe *détoner*. Dans la phrase citée, la locution est usitée au figuré, puisque les deux « gaz » dont il s'agit sont, en l'espèce, la « décontraction » et l' « autorité » de l'épouse de M. Gorbatchev.

L'auteur a-t-il voulu jouer sur les mots en écrivant *détonnant* avec deux *n* médians ? Le verbe *détonner*, qui signifie « ne pas être en harmonie » (Petit Robert), possède un participe présent qui peut évidemment, comme beaucoup de participes présents, s'adjectiver. On pourrait donc plaider que le journaliste a voulu qualifier le « mélange » d'autorité et de décontraction de « la première dame d'U.R.S.S. » de *détonnant*, c'est-à-dire d'inharmonieux, de désaccordé – de

« pas dans le ton » pour en appeler à l'étymologie du mot. Oui, on pourrait alléguer cela pour justifier le double *n*.

Cette explication nous paraît pourtant peu convaincante, et notre quasi-certitude est qu'il s'agit bien d'une faute des plus banales. La distinction orthographique entre *détoner*, calqué sur le latin *detonare,* « faire entendre un bruit de tonnerre », et *détonner,* dérivé français de *ton,* « sortir du ton juste », passe parfois pour un embarras inutile : elle permet pourtant de repérer, à l'écrit, deux verbes bien différents. Le jour où les personnes qui militent pour la suppression généralisée des doubles consonnes auront triomphé, ce qui *détone* et ce qui *détonne* n'auront plus rien qui les distingue, et il n'y aura plus que des mélanges explosifs.

29 Au fond des fonts

Cet exilé de Mussolini [Guglielmo Ferrero] avait clairement entrevu le mélange détonant, au cœur des mêmes événements historiques : ce qui annonce au monde entier la primauté des Droits de l'homme et ce qui porte sur les fonds baptismaux le modèle des pires totalitarismes. (*Regards critiques sur une révolution ambiguë : 1789,* par Abel Clarté, Paris 1989)

Voilà un auteur qui sait qu'il y a *détonant* et *détonnant*. Et l'imprimeur qui, lui, a fait cette coquille est bien coupable de laisser croire ainsi qu'Abel Clarté ignore qu'il y a *fonds* et *fonts*. Il ne faut pas écrire « *les fonds baptismaux* », mais : *les fonts baptismaux ;* le mot vient du latin *fons, fontis,* qui veut dire « fontaine ». Littré explique pourquoi dans sa définition : « Dans l'ancienne Église, vaisseau où l'on pratiquait le baptême par immersion. Aujourd'hui, vaisseau où l'on reçoit l'eau qui tombe pendant l'administration du baptême. » Il ajoute que, dans l'ancienne langue, *font,* au singulier, était souvent employé pour « fontaine », et qu'alors ce mot était féminin, ce qui se retrouve dans des noms de lieux comme *Fontfrède* (« la fontaine froide »). Autrefois, on disait couramment : « *les fonts* » ; de nos jours, l'adjectif *baptismaux* en est inséparable.

30 Quoique je l'aime et quoi que je fasse...

Quoiqu'il en soit, elle [la défense civile non violente] est peu susceptible de mobiliser des militants qui tiendraient à obtenir quelque résultat de leur vivant. (Union pacifiste, n° 249, janvier 1989)

En l'occurrence, il ne s'agit pas de *quoique,* conjonction ayant le sens de : « encore que », « bien que », et qui s'écrit en un seul mot. Il s'agit de *quoi,* pronom relatif, suivi de *que,* conjonction, formant ensemble une locution de deux mots séparés : *quoi qu'il en soit,* c'est-à-dire « quelle que soit la réalité dont il est question ». La confusion entre *quoique* et *quoi que* est fréquente et fâcheuse ; elle dénote un sens insuffisant de la valeur des termes employés.

Signalons que, dans la phrase citée, l'adjectif *susceptible* est usité dans une acception que refusent les puristes, lesquels ne l'admettent qu'au sens absolu (*vous êtes bien susceptible !*) ou devant une locution passive ; ils exigeraient ici : *est peu capable* (ou : *n'est guère à même*) *de mobiliser...*, car *mobiliser* traduit une action, non un état ; en revanche, ils admettraient comme très correct : *susceptible d'être mobilisé,* expression où la forme verbale représente un état, et non un acte.

31 Je sais quelle est ma vie et je sais qu'elle est brève

Le lendemain matin, quand j'ouvris le canard pour relire mon entrefilet, je me sentis défaillir tout à coup, car voici qu'elle en était la fin... (extrait d'un conte paru à la page 11 du numéro 9 d'*Entre nous,* supplément au *Bulletin des correcteurs,* n° 156, juin 1989)

Vérification faite, l'auteur du texte en question avait bien écrit en un seul mot d'un seul tenant : *quelle,* adjectif féminin, ordinairement interrogatif ou exclamatif, ici simple attribut du verbe *être* à l'imparfait de l'indicatif ; et non « *qu'elle* », en deux mots (conjonction et pronom personnel féminin) séparés par une apostrophe. La faute est souvent relevée dans la presse. À l'origine, il y a d'ordinaire un manque de réflexion du rédacteur ; celui-ci, en outre, est trompé par l'homophonie, qui est propre au genre puisque la faute n'est possible qu'au féminin. Prenons en effet la phrase de Molière dans *l'Avare*, citée par Grevisse : *Je ne sais point quel il est* ; il ne viendrait à personne l'idée de couper *quel* en deux tronçons et d'écrire *qu'el* devant le pronom *il* (non plus, à l'inverse, que d'écrire *quil* en un seul mot quand il faut écrire *qu'il*). Tandis que la confusion entre *quelle* et *qu'elle* est malheureusement tentante. Il faut convenir qu'elle (ici, apostrophe !) est particulièrement fâcheuse dans un organe rédigé, corrigé (présume-t-on) et lu par des correcteurs d'imprimerie... Espérons que l'auteur – en tout cas, on nous l'affirme – s'est pleinement satisfait du rectificatif réparant la faute et quêtant l'amnistie !

NOTE : L'expression au féminin *quelle qu'elle soit* (au masculin : *quel qu'il soit*) met en présence, de façon claire et évidente, les deux éléments nettement distincts et fait ressortir la nature de chacun d'eux : *quelle* (adjectif) *qu'* (conjonction) *elle* (pronom) *soit* (verbe au subjonctif), c'est-à-dire *quelle que soit elle* (la personne ou la chose dont il est question).

Ce serait une chose bien triste si une faute de cette nature était réservée à un organe spécialisé de la correction d'imprimerie ! Aussi l'avons-nous relevée dans le numéro du 11 août 1989 d'un quotidien parisien :

Paul a fait cinq ans [de prison]. À sa sortie, il a retrouvé Pierre. Je ne sais pas qu'elle a été la nature de leur entrevue.

Bien entendu, il fallait écrire : *je ne sais pas quelle* (adjectif, en un seul mot) *a été la nature de leur entrevue,* au sens de : « en quoi a consisté leur entrevue ». On peut dire aussi : *de quelle nature a été leur entrevue,* ce qui fait mieux ressortir encore la fonction adjective de *quelle.*

32 Cet acquit est un fait acquis

Majorité et opposition ont voté ensemble la subvention octroyée au club. Personne ne remet cet acquit en cause. (extrait d'une interview de Jacques Chaban-Delmas dans *France-Soir* du 19 janvier 1989)

Faute d'orthographe explicable, certes, par l'homonymie : il ne s'agissait pas ici d'un *acquit* (nom dérivé du verbe *acquitter*), c'est-à-dire d'un quitus, d'un solde de tout compte, mais bien d'un *acquis* (participe passé d'*acquérir*), autrement dit d'une chose, d'une somme, d'une valeur licitement *acquise* et possédée.

33 Le moment béni du pain bénit

En fait, cette guerre du Vietnam est pain béni pour les cinéastes en mal d'inspiration. (*France-Soir,* 29 mai 1989, p. 29)

Le verbe *bénir* a deux participes passés : *béni* et *bénit,* qui prennent l'un et l'autre un *e* final au féminin. Tous deux peuvent s'employer comme adjectifs, mais les emplois de *bénit(e)* sont plus restreints. En outre, *béni* peut s'accompagner des deux auxiliaires *avoir* et *être* (*le pape a béni la foule ; vous tous, soyez bénis !*), tandis que *bénit(e),* d'usage strictement rituel, ne se conjugue qu'avec l'auxiliaire *être* (*cette alliance [= bague de mariage] a été bénite [= consacrée] par l'évêque*). On écrit, adjectivement : *une contrée bénie des dieux ; Bois bénis,/*

Tous vos nids/Sont garnis/De perles ! (Louis Bouilhet, *Chanson des brises*) ; mais : *du pain bénit* (même au sens figuré usité dans la citation ci-dessus), *une médaille bénite, de l'eau bénite.*

Adolphe-V. Thomas, qui nous apprend que « la distinction entre *bénit* et *béni* ne date que du XIXe siècle », mentionne des exemples de confusion chez des écrivains comme Barrès, France, Proust. Quant à Littré, il observe que Voltaire écrivait *béni* là où nous exigeons un *t* final ; c'est dire que la faute, pour réelle qu'elle soit, est relativement mineure.

34 Gare aux rôdeurs rodés !

Ces hommes [deux policiers tués en voulant arrêter un forcené], rôdés aux opérations les plus délicates... (lu le 1er septembre 1989, dans un journal de la capitale)

On sait que l'accent circonflexe a de farouches adversaires, qui, chaque fois que les médias sont à court d'informations, leur fournissent un peu de matière. Le fait est que, dans la citation ci-dessus, l'un des accents circonflexes est notoirement superflu ; mais cela ne signifie pas que ce signe le soit toujours. On *rode* une voiture, c'est-à-dire que, par un premier usage prudent, on la prépare au service régulier qu'on attend d'elle ; dans ce cas, pas d'accent sur l'*o* du verbe *roder*. Ces infortunés policiers étaient *rodés* à des opérations délicates : entraînés, expérimentés, ils avaient subi une sorte de *rodage* professionnel lors de précédentes opérations, difficiles et périlleuses.

Mais on a vu *rôder* – avec un accent circonflexe sur l'*o* ! – des malandrins dans les environs... Méfiez-vous des *rôdeurs* !

Cette confusion entre *roder* et *rôder* est très – trop – fréquente (orthographiquement, s'entend). Encore dans *France-Soir* du 19 janvier 1990 :
Les émissions qui « floppent » n'ont pas été rôdées.

Impossible, pourtant, de penser ici au verbe *rôder,* qui signifie « errer çà et là », et – donc – est intransitif, et – donc – ne peut jamais être employé au passif. On *rode* une voiture, on *rode* une émission, mais on ne *rôde* rien, et rien ne peut être *rôdé.*

L'accent circonflexe de *rôder* rappelle que la voyelle a toujours été longue. L'étymologie du verbe n'est pas très sûre, mais au Moyen Age on le voyait écrit *rauder*. Quant à *roder,* il est tiré du latin *rodere,* « ronger, user ».

Ce malheureux accent circonflexe connaît bien des déboires. Un claviste a composé ceci pour *le Canard enchaîné* du 17 janvier 1990, et jusques à ce que parution s'ensuivît : *Comme ce premier brulôt de 82 pages était resté confidentiel...* Transfert indû : le mot *brûlot,* issu du verbe *brûler* (jadis *bruller*, puis *brusler*), où l'accent a remplacé une consonne disparue, ajoute ce signe sur l'*u,* et non sur l'*o.* La même faute est souvent commise au mot *îlot,* diminutif d'*île.* Ne pas écrire : *« ilôt »,* comme on le voit trop fréquemment.

35 C'est pécher qu'aussi mal pêcher

Qu'est-ce que l'amnistie ? [...] Qu'est-ce que la grâce ? [...] Pour bénéficier de l'une ou l'autre de ces mesures, [...] il faut s'avouer fautif [...]. Invoquer l'une, implorer l'autre, c'est, dans tous les cas, convenir que l'on est pêcheur ou accepter de passer pour tel. (dans un journal du soir, 1er juillet 1989)

[L'abbé et l'abbesse] sont comme nous, pauvres pêcheurs. [...] Les deux monastères pêchent par leurs biens mêmes sur fond d'ouverture au monde. (*le Monde*, 30 mars 1990)

Ainsi s'expliqueraient aussi quelques complicités futures pour le chrétien et non pour le pêcheur [Paul Touvier]. (*le Monde*, 28-29 mai 1989)

La démarche des reconstructeurs [du parti communiste] pêche enfin par manque de sens pratique. (*France-Soir*, 8 janvier 1990)

Rassurez-vous, petits poissons ! À en croire notre bonne presse, les hommes ne songeraient qu'à vous capturer dans leurs filets ou au bout de leurs

hameçons, mais ce n'est pas vous qui êtes menacés, c'est le bien-écrire et la bonne connaissance du français. Dans toutes les phrases précitées, dont les auteurs s'aventurent à employer des termes qu'ils ne dominent pas, il n'est question en fait que de *péché* (= faute) et non de *pêche.* Et les moindres fautifs ne sont pas les journalistes qui ignorent qu'il existe en français un verbe *pêcher* (capturer du poisson) et un verbe *pécher* (commettre une faute ou être défectueux).

Au Moyen Âge, on distinguait mieux le *pescheur peschant* le merlan (du latin *piscator* et *piscare,* dérivés de *piscis,* « poisson »), et le *pecheur pechant* contre les commandements de Dieu (du latin *peccator* et *peccare*). L'*s* a disparu, mais il nous reste tout de même l'accent circonflexe.

Voilà une occasion, parmi plusieurs, de rappeler que certaines personnes militent pour la suppression des accents, laquelle simplifierait sans doute les claviers dactylographiques et informatiques. Si cette cause l'emportait, rien ne distinguerait plus orthographiquement le « pecheur » du « pecheur », et, quand il serait question de quelqu'un qui « peche », nul ne saurait plus s'il « peche » ou... s'il « peche » !

36 Quant à vous, c'est pour quand ?

Mussolini, par le traité de Latran, fit du pape le « souverain de la Cité vaticane ». Quand au concordat napoléonien, il fut aboli par la République française. (*la Tribune des athées,* n° 60, juillet 1989)

Sans doute simple coquille, mais due à l'homonymie ; ce n'est pas *quand* (tantôt adverbe de temps, tantôt conjonction) qui convient ici, mais *quant,* avec un *t* final, partie de la locution prépositive *quant à/ quant au(x),* signifiant « pour ce qui est de... », « en ce qui concerne... ». La confusion est parfois commise en raison du fait qu'à la liaison la lettre *d* placée en finale prend le son « t » ; ainsi, dans : *quand allez-vous à Paris ?,* on prononce effectivement

« quant-a ». Les consonnes finales entendent respecter l'étymologie latine des deux mots. *Quand* découle du latin *quando,* « quand ? » ou « puisque », *quant* du latin *quantum,* « autant que ».

NOTE : Jusqu'au XIVe siècle, on trouve généralement la graphie *quant* pour *quand.* Ce n'est évidemment pas un argument pour inciter à en faire autant aujourd'hui.

37 Prendre à partie, prendre parti, tirer parti

Une bagarre [...] avait éclaté au milieu des fauteuils de ring du championnat de boxe Monzon-Valdès, à Monaco. Alain Delon avait été pris à parti par un spectateur et, dans la mêlée, Bastien [Bonventre] avait proprement mis k.o. un commissaire de police en civil. (*France-Soir,* 3 novembre 1989)

Non : Delon avait été *pris à partie* par un spectateur, c'est-à-dire interpellé avec brusquerie, méchamment, et Bastien avait aussitôt, selon le journal, *pris parti* pour le comédien, c'est-à-dire embrassé sa cause, pris sa défense.

On *prend parti* pour quelqu'un si l'on est d'accord avec lui, mais on le *prend à partie* si l'on est en désaccord ! Ce ne sont pas là des caprices langagiers ; les deux mots sont différents et chacun d'eux a son sens particulier. Dans *prendre parti,* il s'agit du même mot que dans : être du *parti* qui gouverne, du *parti* le plus nombreux, être fidèle à son *parti,* prendre *un sage parti,* épouser *un bon parti,* rencontrer un *parti de cavaliers* en armes, etc. Dans *prendre à partie,* c'est le mot qu'on emploie pour : la *partie adverse,* se porter *partie civile,* s'adresser aux deux *parties* en présence, avoir affaire *à forte partie.*

Autrement dit, prendre parti, c'est « choisir son camp » tandis que prendre à partie, c'est « prendre pour adversaire ». *Parti* et *partie* sont liés par l'idée commune de partage, de division, qui était originellement celle du verbe *partir.* Du reste, on prend

d'autant plus volontiers une personne à partie qu'on a *maille à partir* avec elle. Dans cette dernière expression on a affaire à l'infinitif d'un verbe qui signifie « partager », la *maille* étant une ancienne monnaie de cuivre de si petite valeur qu'il fallait être bien pauvre ou bien ladre, ou avoir bien mauvais caractère, pour en faire l'objet d'une dispute ; au sens figuré qu'a recueilli la locution, *avoir maille à partir avec* quelqu'un, c'est avoir avec lui un litige, une querelle.

L'idée de partager s'est aujourd'hui retirée du verbe *partir,* qui, hors de l'expression figée *avoir maille à partir,* ne signifie plus que « s'en aller ». En effet, *partir* a successivement signifié « diviser », « créer une division », « faire bande à part », « se séparer de quelqu'un », « s'en aller » !

Erreur inverse :

Beaucoup d'entre eux [les musées] voudraient bien mieux tirer partie de leur clientèle captive. (*le Monde Affaires,* 1er avril 1989)

C'est *tirer parti* qu'il faut écrire, sans contestation possible. Ajoutons un adjectif : c'est le masculin qui s'impose : *tirer un bon parti de.* C'est toujours l'idée de partage, qui se réalise ici dans la notion de « lot ». Ainsi, épouser un bon parti, c'est en quelque sorte toucher le gros lot. « Le mariage est une loterie », aimaient à dire nos grands-parents.

38 Ils ne sont pas près d'être prêts !

Changement de programme : Jospin, aujourd'hui, est tout prêt de céder à la pression, plus teigneuse qu'amicale, de ses administrés. (*le Canard enchaîné,* 7 juin 1989)

Des images qui ne sont pas prêtes de s'estomper. (*la République du Centre* [Orléans], 5-6 septembre 1987)

La F.S.M. n'était pas prête d'évoluer comme on le souhaitait. (*le Monde,* 1er novembre 1987)

Le pays [il s'agit du Chili], aujourd'hui tout à sa joie, n'est pas prêt d'oublier l'origine de sa longue tourmente. (éditorial du même journal, daté du 16 décembre 1989)

Ils se sont déclarés près à indemniser tout le monde. (*France-Soir,* du 6 juillet 1989)

Me Henry Juramy n'est pas prêt d'oublier la terrible journée du 16 juin 1989 à La Motte-du-Caire. (même journal, 24 juillet 1989)

Non, cet après-midi à La Motte-du-Caire, Me Juramy n'est pas prêt de l'oublier. (récidive, quelques lignes plus loin)

Un agent de la R.A.T.P. qui n'est pas prêt de redescendre dans sa station. (même quotidien, le 17 novembre 1989)

Les enfants de Leninakhan et de Spitak [en Arménie soviétique] ne sont pas prêts d'oublier le passage du petit homme à manteau vert [Charles Aznavour]. (même source, le 9 janvier 1990)

Cette brochette d'erreurs montre quelle confusion règne dans les cerveaux à propos des mots *prêt,* adjectif, et *près,* adverbe. Il fallait écrire :

– *Jospin est tout près de céder ;*
– *Des images qui ne sont pas près de s'estomper ;*
– *La F.S.M. n'était pas près d'évoluer ;*
– *Le pays [...] n'est pas près d'oublier ;*
– *Ils se sont déclarés prêts à indemniser ;*
– *Me Henry Juramy n'est pas près d'oublier ;*
– *Un agent [...] qui n'est pas près de redescendre ;*
– *Les enfants [...] ne sont pas près d'oublier.*

La distinction n'est pourtant pas malaisée : on est *près de* (faire quelque chose) ou *prêt à* (faire le contraire). En aucun cas on ne peut être « *près à* » ni « *prêt de* ». Le couple *près de* forme une locution prépositive que l'on connaît fort bien en d'autres occurrences : *près de la gare* et non « *près à la gare* » ; *près de moi* et non « *près à moi* ». Quant à l'adjectif *prêt,* il n'admet de complément qu'avec la préposition *à : prêt à tout* et non « *prêt de tout* » ; *prêt à porter* et non « *prêt de porter* ».

39 Ballades en balade

Chez nous [les retraités adhérents à la C.G.T.], c'est en commun qu'on décide les programmes. [...] Ainsi, on s'est aperçu que les petites ballades régionales, de quartier même [...], étaient plus demandées que les grands voyages. [...] Colette D... a une passion pour la batellerie [...]. Elle pense déjà, paraît-il, à organiser une ballade en péniche sur le canal Saint-Martin et une descente du canal latéral à la Loire par le pont-canal de Briard et les caves, toutes proches, de Sancerres. (*Vie nouvelle,* revue de l'Union confédérale des retraités C.G.T., n° 41, mai-juin-juillet 1989)

Nous souhaitons à tous ces braves gens du troisième âge (on disait naguère « ces vieux travailleurs ») de très agréables journées de navigation intérieure, et surtout de ne pas couler corps et biens dans les quarantièmes rugissants des caves de Sancerre. De notre part, aucune critique sur le fond, mais seulement sur la forme : ce ne seront pas des « *ballades* » qu'ils feront, mais des *balades,* avec un seul *l.* En langage populaire, *se balader,* c'est « se promener ». Une *ballade,* avec deux *l,* c'est tout autre chose : une pièce de poésie, soumise à certaines règles très strictes que Cyrano de Bergerac définit en octosyllabes dans la « comédie héroïque » d'Edmond Rostand. La *ballade* se compose de trois couplets ou strophes de huit vers et d'un envoi de quatre, celui-ci commençant obligatoirement par le mot « Prince », le tout sur trois rimes. Les romantiques ont donné à ce genre d'œuvrette une confection plus libérale ; ainsi, les *Odes et Ballades* de Victor Hugo, publiées en 1826, ne tiennent pas compte de ces prescriptions rigoureuses. Mais il s'agit toujours de poèmes.

Pour faire bonne mesure, signalons qu'il faut un *e* final (et non un *d*) à *Briare,* dont le pont-canal est une curiosité touristique appréciée, et que *Sancerre,* connue pour son site et ses vins, ne prend pas de petit *s in cauda,* se contentant de son grand *S* initial.

40 C'est en intriguant qu'on devient intrigant

Elle a poignardé de trente-trois coups de couteau [...] une paisible vieille dame [...] afin de lui voler une somme dérisoire équivalent à 60 francs. (*France-Soir,* 28 juin 1989)

Cet *équivalent* est assis entre deux chaises. Ou bien il s'agit de l'adjectif, qui s'écrit en effet ainsi au masculin, mais alors il faut l'accorder avec *somme,* qui est un substantif féminin, donc l'assortir d'un *e* final : *une somme dérisoire équivalente à 60 francs.* Ou bien le rédacteur a voulu utiliser le participe présent du verbe *équivaloir,* et dans ce cas il devait écrire le mot avec un *a* (et non un « *e* ») à la syllabe terminale : *une somme dérisoire équivalant à 60 francs.* Il existe en français un certain nombre de verbes (les principaux sont environ une trentaine) dont le participe passé est homophone d'un adjectif ou d'un nom sans en être homographe ; les bonnes grammaires donnent la liste de ces cas. Citons par exemple *affluer* (part. prés. *affluant ;* adj. *affluent*), *exceller* (*excellant, excellent*), *négliger* (*négligeant, négligent*), etc. C'est toujours le participe présent (invariable) qui prend un *a* à sa dernière syllabe, et l'adjectif (variable en genre et en nombre) un *e.*

Figaro contestataire ? Allons donc ! Richard Fontana le rend beaucoup plus séduisant qu'intriguant. (*France-Soir,* 8 avril 1989)

Malheureusement reprise dans le titre de l'article, la faute consiste en une confusion : *intriguant,* avec un *u,* est l'orthographe du participe présent du verbe *intriguer.* Exemple : *c'est en intriguant que ce politicien a réussi.* Or, ci-dessus, il ne s'agit pas du verbe, mais de l'adjectif *intrigant(e),* qui s'écrit sans *u.* Exemple : *ce Camille, quel homme intrigant !* ou : *cette Camille, quelle femme intrigante !* Noter donc que les verbes dont l'infinitif se termine par *-guer* gardent leur *u* au participe présent (*fatiguant, naviguant,* etc.) et que celui-ci le perd s'il devient adjectif (*fatigant, navigant,* etc.).

Les différences orthographiques entre participes présents et adjectifs dérivés jouent parfois sur les consonnes et non sur les voyelles : *communiquant/communicant, provoquant/provocant, vaquant/vacant,* etc.

41 Sachez conjuguer le conjungo

Jupon et moi vous conseillons de faire très attention à la nouvelle vague de conjugo qui semble sévir. (*le Canard enchaîné,* 17 mai 1989)

Nous devrions fulminer contre le *très attention,* irrémissiblement incorrect, puisque *très,* étant adverbe, ne saurait modifier un substantif, mais seulement un adjectif ou un autre adverbe. Il faudrait, répétons-le, dire et écrire : *avoir grand-faim, avoir grand-peur, bien faire attention,* etc. En règle stricte, une dérogation n'est tolérée que dans des locutions populaires comme : *il est très cinéma* (il a une vraie passion pour le cinéma) ; on a dit : *il est très fleur bleue* (= très sentimental), *très collet monté* (= très guindé), les deux derniers mots formant une expression adjectivée.

Arrêtons là l'explication : ce n'est pas sur « *très attention* » que nous pensions nous attarder – la locution est désormais indéracinable du langage parlé – mais sur « *conjugo* », qu'on voit constamment écrit ainsi, c'est-à-dire mal. En fait, on doit écrire *conjungo,* vocable latin qui signifie « j'unis ». Il s'agit du début de la formule sacramentelle par laquelle, du temps de la « messe en latin », le prêtre catholique opérait le sacrement de mariage : *Conjungo vos in matrimonium,* « je vous conjoins en mariage ». Par métonymie, *conjungo* est devenu un nom synonyme de « mariage ». *Un conjungo vaut une robe neuve,* écrit Jean Richepin (*le Chemineau,* acte I, scène 10). Il faut prononcer « konjongo » (Martinon, Larousse, Robert, Quillet). – Noter que, s'il faut un *n* devant le *g,* il ne faut pas de *u* derrière (contrairement à *distinguo,* autre exemple d'une métonymie semblable).

42 Sans bourse délier

On peut très bien imaginer tout un réseau d'activités rémunérées sans bourse déliée. En remplaçant simplement le facteur argent par le facteur temps. (dans le billet parisien d'une chroniqueuse connue, 23 janvier 1990)

Ils se sont liftés [les prix littéraires de 1988] sans bourse déliée. (*le Monde, 30 novembre 1988*)

Dans les deux cas, c'est l'expression *sans bourse délier* qu'on aurait dû trouver, avec le verbe à l'infinitif et non au participe passé adjectivé. L'expression étant figée et archaïque, les repères grammaticaux habituels ne sont d'aucun secours. On interprète donc au jugé l'image sonore de l'expression : *sans bourse déliée,* comme *sans idée préconçue* ou *sans domicile connu.* Impossible, car cette expression a droit au même respect que tout objet ancien, et il faut lui conserver sa forme primitive, caractérisée par une inversion de la séquence verbe-complément et par l'absence de tout déterminant devant le nom. *Sans bourse délier* était à la Renaissance une manière somme toute banale de dire *sans délier sa bourse.*

43 Censément insensé, mais sensément recensé

À la suite d'un imbroglio administrativo-comptable, la procédure sensément simplificative pour le remboursement des frais de déplacement ne permet pas d'effectuer cette opération. (extrait d'un « Avis » distribué par un organisme de formation universitaire sur le campus de Rennes et reproduit en cliché par *le Canard enchaîné* du 12 juillet 1989)

Madame la directrice de l'organisme en question a rédigé sa note avec trop de précipitation : étourdiment, elle a confondu *sensément* (= de manière sensée, réfléchie) et *censément,* adverbe qu'il convenait d'employer ici et qui dérive de l'adjectif *censé,* lequel signifie « réputé, supposé ». Une procédure *censément simplificative* est, de ce fait, « réputée », « supposée » avoir cette qualité ; qu'on ait introduit l'adverbe *censément* devant le qualificatif projette un doute sur les vertus dont celui-ci revêt le substantif qui y est associé, ici le nom féminin *procédure* ; on sous-entend de la sorte que cette procédure pourrait bien ne pas être aussi simplificative que d'aucuns le prétendent. L'adjectif *censé* est chargé de la même valeur dubitative. Si l'on dit : *une politique censée être bénéfique,* cela veut dire que ceux qui la pratiquent lui attribuent une efficacité salutaire, mais qu'il est permis de rester sceptique à ce sujet jusqu'à ce que la suite des événements autorise à se prononcer en connaissance de cause.

Dans la citation qui va suivre, c'est au contraire « *censé* » qu'on a mis à la place de *sensé.* Nous la détachons de *France-Soir* du 25 août 1989 :

La jeune femme a trépané sa victime. « C'est un crime monstrueux pour un être au raisonnement censé, explique un psychiatre. Pour elle [une infirmière démente], c'est une vengeance. »

Le psychiatre se référait évidemment à un *être au raisonnement sensé,* et non point seulement... *censé être sensé !*

III. Ponctuation, orthotypographie

« Sous une forme ou sous une autre, on peut trouver, dans ces manuels ou dictionnaires, au moins un chapitre ou une dizaine d'articles qui touchent aux problèmes orthographiques, pour la partie qui traditionnellement revient à la responsabilité des ateliers et que nous avons appelée l'*orthotypographie*. On y enseigne [...] l'usage des capitales, du trait d'union et de la division en fin de lignes, des guillemets, de la ponctuation, des signes auxiliaires et de certains accents, etc. » (*Orthographie et lexicographie,* tome I, Nina Catach, Jeanne Golfand et Roger Denux ; Didier édit., 1971)

L'orthographe comprend effectivement un secteur quelque peu méconnu, voire ignoré, du grand public, que l'on nomme *orthotypographie* et dont le domaine est très vaste... comme le laisse entendre le *etc.* final de la citation susmentionnée : emplois du caractère italique ; écriture des nombres en « grandes capitales » (= chiffres romains), en « petites capitales » (= chiffres romains plus petits), en chiffres arabes ou bien en toutes lettres ; utilisation rigoureuse des majuscules pour exprimer une acception particulière (*par la voix du pasteur Z..., l'Église anglicane s'est prononcée pour le maintien de la monarchie,* mais : *l'église anglicane de mon quartier tombe en ruine*)...

« Il suffit du déplacement d'une virgule pour dénaturer le sens de ma pensée », disait Michelet. Comment ne pas ratifier cette affirmation du grand historien ! En effet, même si chacun d'entre nous peut indiquer comme il lui plaît la ponctuation dite « expressive », créer plus ou moins d'incises entre virgules ou entre tirets, il est impératif de respecter un découpage logique de la phrase et de veiller à ce que la ponctuation ne puisse entraîner d'équivoques ou de contresens...

Si l'on écrit : *L'aviatrice américaine Amelia Earhardt n'est pas morte comme on l'a dit,* sans virgule, cela veut dire que l'on met en doute les circonstances de sa disparition. Mais le sens est tout autre si l'on place une virgule après *morte : L'aviatrice américaine Amelia Earhardt n'est pas morte, comme on l'a dit.* Dans ce cas, l'acception devient : « Contrairement à ce qu'on a dit jusqu'ici, Amelia Earhardt n'est pas morte » ! Pour l'intéressée, la nuance n'est pas mince, on nous l'accordera... (Exemple pris dans *la Ponctuation, art et finesse,* Jean-Pierre Colignon, 1975 ; rééd. 1988)

*

* *

44 Le 17e cantonné dans le XVIIe

Nous pensons avoir trouvé, dans les responsables de la publication d'un catalogue d'une société vendant des disques et cassettes par correspondance, les stakhanovistes de la faute de français. En effet, la densité des coquilles rejoint par endroits la densité des habitants de Hongkong au mètre carré ! Nos lecteurs en jugeront à partir du court extrait suivant :

Montheus Gloire aux XVIIème...

Car nous relevons, dans l'ordre :

a) Le massacre du nom du compositeur-chanteur « anarchiste humanitaire » *Montéhus.*

b) Le pluriel, dû à l'inadvertance espérons-nous, de l'article *au.*

c) La composition en chiffres romains, « *XVII* », du numéro d'un régiment. En effet, la chanson de Montéhus évoque les événements de 1907 dans le midi de la France et la mutinerie des soldats du 17e de ligne, solidaires des viticulteurs. Il n'est pas question du XVIIe siècle, ni du XVIIe arrondissement de Paris !

Rappelons qu'en ce qui concerne les unités militaires seuls les numéros des armées et des flottes s'écrivent en chiffres romains (grandes capitales) : *la IIe armée, la VIe flotte,* ainsi que ceux des régions militaires : *la Xe région.* Dans tous les autres cas, les numéros s'écrivent obligatoirement en chiffres arabes : *le 51e R.I., le 21e R.I. Ma., la 24e demi-brigade, le 3e corps d'armée, la 2e division blindée, le 3e zouaves, le 2/4 bataillon,* etc.

d) L'abréviation illicite *« ème »* en lettres minuscules. Ici, double faute, comme l'on dit au tennis : l'abréviation doit être en petites lettres supérieures (on dit aussi « en exposant »), et exprimée uniquement par la lettre *e* : *le 17e. Premier, première* s'abrègent en *1er, 1re* (et non *1^{ier}, 1^{ière}*). Ajoutons cependant que l'abréviation prend la marque du pluriel : *les 17es* (ou : *les XVIIes*) *floralies ; Firmin et Anicet 1ers* ex aequo.

La faute relevée au nom de *Montéhus* sera considérée comme très vénielle par les personnes qui estiment que « les noms patronymiques n'ont pas d'orthographe » ; conception qui date du temps où l'orthographe n'était pas fixée mais que la généralisation de l'état civil a rendue désuète. Certains noms sont très exposés à la faute ; citons entre autres :

– *Clemenceau.* Que de fois le nom de Georges Clemenceau paraît avec un accent aigu sur le premier *e* ! Même le journal *le Monde,* le 15 septembre 1989, écrivait : *... à l'évocation du célèbre moulin [de Valmy] s'émouvaient Déroulède et Barrès comme Clémenceau et Ferry.* On a rapporté que le Tigre rugissait (pardon !... feulait) quand il apercevait ce maudit accent aigu sur son nom dans un journal.

– *Courier* (Paul-Louis). L'habitude de mettre deux *r* au mot *courrier* incline à la même générosité quand il s'agit du patronyme du célèbre pamphlétaire français. Dans son numéro de janvier 1990, la revue *Union pacifiste* publia un très joli cul-de-lampe représentant au second plan le village de Véretz (Indre-et-Loire) et, au premier, les visages d'Eugène Bizeau, grand poète des causes de la paix, qui y mourut à l'âge de cent cinq ans, et de Paul-Louis Courier, qui fut assassiné non loin de là après y avoir longtemps habité. La légende écrit : *« Courrier »,* c'est tellement tentant ! Mais soyons juste : dans le texte, dû à Gérard Rollin, le redoutable pétitionnaire pour les villageois « qu'on empêche de danser » est bien dénommé *Courier* avec un seul *r.*

45 VIIIe et non VIIIème

À lire, vient de paraître : Le Triomphe du VIIIème, histoire et actualité du VIIIème arrondissement de Paris, par Patrice de Moncan. À la fin du XVIIème siècle, le VIIIème arrondissement ne vivait qu'à travers deux petites bourgades [...]. Différents évènements favorisèrent son développement au cours du XVIIIème siècle, mais c'est le XIXème qui marqua le triomphe du VIIIème arrondissement. (extrait d'un texte encadré publié dans une revue d'économie du 4 février 1989)

On pourrait chipoter sur l'accent grave coiffant le deuxième *e* du mot *événement,* qui, contrairement à *avènement,* n'a pas recours à cet accent et se contente de deux accents aigus ; mais nous n'enfourcherons pas ce cheval de bataille pour défendre une position trop attaquée par les réformateurs de l'orthographe. Ce que nous critiquerons ici, ce sont ces « *-ème* » à répétition qui, imprimés, sont horribles. Pourquoi ces « *-ème* » alors que la bonne, la saine typographie a depuis longtemps inventé un signe élégant et discret dont la vocation est d'exprimer les adjectifs ordinaux ? Ce signe, nous l'avons dit, c'est le *e* supérieur. Il faut écrire : *le VIIIe arrondissement, le XVIIe siècle, le XIXe siècle,* etc.

Signalons encore une règle : les arrondissements

doivent se composer en *grandes* capitales, et le texte cité est, sur ce point, conforme à la règle, mais les siècles se composent, eux, en *petites* capitales : *le XXe arrondissement* (de même que : *le XXe Salon du livre, la XIVe dynastie, le XIe millénaire av. J.-C.)*, mais : *le IIe siècle, le XXIe siècle,* etc.

46 **Ier et non 1er**

Deux ans encore, et le 11 Novembre 1918, la défaite des Empires Centraux et le démembrement de l'Autriche-Hongrie sont consommés. Charles 1er, pleinement approuvé par Zita, se refuse à abdiquer. (*Historia* n° 510, juin 1989)

Passons sur la ponctuation – il faut une virgule après le premier *et,* ou bien supprimer celle qui suit *1918* –, sur la majuscule injustifiée à *novembre* et à *centraux*... Non, ce que nous voulons relever, ici, est une autre faute – fréquente – d'orthotypographie, consistant à mettre en chiffres arabes les numéros d'ordre des souverains, princes, papes, ducs,

etc., alors que seuls les chiffres romains sont licites : *Louis XIV, Napoléon Ier, Jean-Paul II...* et *Charles Ier de Habsbourg !*

47 1/5 du personnel parvient au 5e échelon

... un spectacle sous chapiteau géant avec présentation d'une maquette au 1/75e du cœur historique de Paris tel qu'il existait alors... (dans un texte sur le bicentenaire de la Révolution)

La faute est minime mais réelle ; il fallait écrire : *une maquette au 1/75 du cœur historique de Paris,* sans faire suivre le chiffre *75* d'un *e* supérieur qui, en la circonstance, fait doublon avec la barre de fraction (/) ; celle-ci a été mise pour indiquer précisément : « au soixante-quinzième » (qu'il est également licite d'écrire en toutes lettres). De même : *le 1/4* (le quart), *le 1/5* (le cinquième), etc. – Noter qu'on peut écrire : *18 1/2* pour : « dix-huit et demi », mais qu'on n'écrit pas « *la 1/2* » pour « la moitié », ni, dans un texte soigné, « *un 1/2 kilo* » pour « un demi-kilo ».

REMARQUES : Il faut distinguer : 1° les numéros d'ordre, qui, en chiffres, exigent la ou les lettres supérieures : *le 300e coureur était aussi le dernier* (en toutes lettres : *le trois centième,* sans trait d'union) ; – 2° les parties de l'unité, qui, en chiffres, veulent la barre de fraction : *notre héritage représente 1/300* (en toutes lettres : *un trois-centième,* avec trait d'union) *du patrimoine.*

48 De la virgule

Maurice Benassayag, délégué national aux Rapatriés explique pourquoi il est urgent de prendre une décision. (lu dans la presse, 31 août 1989)

Il faut une virgule après *Rapatriés,* car il est impossible qu'un verbe soit séparé de son sujet par une seule virgule.

Certains se moquent de la ponctuation. Or, pesez la différence de sens entre ces deux phrases diversement ponctuées :

Charles n'est plus terrassé par le mal dont il souffrait.

Le sens de cette phrase est clair : Charles est guéri ; le mal qui l'accablait a été vaincu, et désormais il jouit d'une santé brillamment recouvrée.

Charles n'est plus, terrassé par le mal dont il souffrait.

Hélas ! cette autre phrase ne prête pas davantage à équivoque que la première : Charles a cessé de vivre, le mal qu'il a supporté si longtemps avec le courage qu'on lui connaissait a été le plus fort.

Ces deux phrases sont antinomiques, c'est-à-dire que chacune d'elles dit le contraire de l'autre ; et cela en raison d'une simple virgule, présente dans la seconde, absente de la première.

Exemple où il fallait « virguler » l'incidente, et où la virgule fait défaut par une inadvertance du rédacteur ou de l'opérateur :

D... C..., un haut fonctionnaire qui dirigeait l'agence française de lutte contre le sida vient de passer au service de... (dans une publication sur laquelle ses lecteurs se jettent goulûment le mercredi, 10 janvier 1990)

La virgule était indispensable après *sida,* puisque là finissait la désignation du fonctionnaire ès qualités.

Dans le même numéro :

Voilà comment, de fil en aiguille, se construit sur la base d'une invitation plus ou moins imaginaire, une rencontre super-historique.

Il fallait mettre une virgule après *se construit,* puisque là commence l'incidente qui suit, ou bien supprimer la virgule mise après *imaginaire,* ce qui eût intégré l'incidente au texte courant ; car la virgule mise après *imaginaire* en fin d'incidente devait être équilibrée au début de celle-ci, ou détruite.

Une virgule est également manquante dans cette phrase de l'éditorial du *Monde* daté des 14 et 15 janvier 1990 :
Mais la décision ayant été prise dans un moment de panique, il serait étonnant que le parti...

Oui, une virgule devait suivre le premier mot : *Mais, la décision...* En effet, la proposition principale est : *Mais il serait étonnant que...* et le membre de phrase débutant à *la décision* et finissant à *de panique* est une incidente qui demande à être séparée par la ponctuation.

Prière de ne pas se servir de cette boîte aux lettres qui a été forcée dans l'attente d'une réparation. (lu sur un écriteau dans l'entrée d'un immeuble parisien, en mai 1989)

Ni la grammaire ni l'orthographe ne sont en cause, mais uniquement la façon de s'exprimer. Certes, chacun comprend bien que la boîte n'a pas été « forcée dans l'attente d'une réparation », mais, pour éviter le janotisme, on eût été mieux avisé ou bien de placer *qui a été forcée* entre deux virgules, ou bien de disposer *Dans l'attente d'une réparation* en début de phrase.

49 Tirets isolants

IBM n'était pas le seul à proposer un détecteur de virus [informatique]. [...] Plusieurs autres sociétés – et quelques gens moins sérieux – se sont engouffrés dans la brèche. (relevé dans le numéro daté 15-16 octobre 1989 d'un quotidien)

Si l'incidente *et quelques gens moins sérieux* avait été placée entre deux virgules, l'accord au masculin du participe passé pluriel *engouffrés* serait correct, celui-ci s'accordant à la fois avec le féminin *sociétés* et le masculin *gens,* et le masculin l'emportant en genre sur le féminin. En effet, les virgules sont des signes de ponctuation *perméables* à l'accord en genre et en nombre. Mais l'incidente a été mise entre deux tirets, et les tirets, contrairement aux virgules, sont *imperméables* à tout accord ; ils isolent de façon absolue ce qui se trouve placé entre eux. En conséquence, le participe passé *engouffré* devait être accordé exclusivement avec *sociétés,* donc au féminin pluriel, et il fallait écrire : *se sont engouffrées dans la brèche.* De même on écrira (avec des tirets) : *L'armée prussienne – et dix généraux de grande renommée – fut battue à plate couture au cours de cette campagne.* À moins qu'on ne préfère écrire (avec des virgules) : *L'armée prussienne, et dix généraux de grande renommée, furent battus.* Cette règle, assez bien suivie dans la presse, est rarement énoncée dans les grammaires.

50 Mais où finit la parenthèse ?

Il faut qu'une parenthèse soit ouverte et fermée – ou qu'elle ne soit pas. Affirmer ce principe est sans doute énoncer une banalité navrante, mais on n'a pas toujours idée des conséquences pénibles que peuvent avoir, en ce domaine, l'inadvertance ou l'omission.

Voici un texte où manque une parenthèse fermante :
Certes, Alsthom remporte la plus grande partie du projet (Siemens a emporté le reste, et met la main sur trois fabricants ibériques, mais ABB fournira les moteurs des 75 locomotives commandées par ailleurs outre-Pyrénées. (*le Monde Affaires,* 15 avril 1989)

Il s'agit d'une vive compétition internationale entre de grosses firmes pour la rénovation de la ligne de chemin de fer Madrid-Séville. La parenthèse ouvrante placée entre *projet* et *Siemens* n'est fermée nulle part, en raison d'une omission typographique commise à un stade quelconque de la rédaction ou de la composition. Il faut la fermer quelque part. Si on la ferme après le mot *reste,* c'est Alsthom qui met la main sur les trois fabricants ibériques ; au contraire, c'est Siemens qui réalise cette triple et brillante opération si c'est après *ibériques* que l'on ferme la parenthèse. Le lecteur demeurera dans le doute à ce sujet. Il ne sera éclairé que sur ABB, qui reste en dehors du cafouillage, puisque, de toute façon, il fournira les moteurs de locomotive. Et voilà le tort qu'une parenthèse peut causer à une firme allemande ou française, par le seul fait de ne pas exister !

51 Saint-Exupéry priait-il saint Antoine ?

Trois projets me tiennent pourtant à cœur [...]. Il s'agit de trois biographies : une de Voltaire, une de Zola et une de Saint-Paul. (*Télérama*, n° 2080, 22 novembre 1989)

Travailleur passionné et acharné, Alain Decaux parviendra certainement à mener à bien ces travaux si son ministère lui laisse quelques loisirs.

Mais on peut se demander de quel écrivain, de quel personnage historique il s'agit lorsque l'on voit ce *Saint-Paul* peu connu... En cherchant, on peut certes trouver un Arthur Saint-Léon, chorégraphe français du XIXe siècle, ou bien notre fameux Louis Saint-Just, ami de Robespierre, et encore, entre autres, Saint-Simon, auteur de célèbres Mémoires... mais point de Saint-Paul !

On ne se trompera donc sans doute pas en affirmant que *Télérama,* ici, a bafoué l'orthotypographie, c'est-à-dire l'orthographe d'usage. La graphie qui s'imposait ne peut être que : *saint Paul,* avec un *s* minuscule et sans trait d'union entre le nom commun *saint* et le nom propre *Paul,* puisqu'il s'agit de l'apôtre lui-même, et non d'un monument, d'une rue, d'une association, etc., portant le nom de l'« Apôtre des gentils ». Dans ce dernier cas, il faut écrire, par exemple : *le Cercle Saint-Paul, l'avenue Saint-Paul, l'église Saint-Paul, l'école Saint-Paul...*

52 L'Espagnole parle bien le français

Pour la première fois, il s'aventure hors de son terrain (la Bretagne, le vélo, la radio, ses outils, ses studios), dans des langues qu'il ne comprend pas (le Néerlandais) et qu'il monte "à l'oreille". (*Télérama,* n° 2077, du 4 au 10 novembre 1989)

L'utilisation des majuscules laisse souvent à désirer. Par ignorance ou par inadvertance, on voit ainsi surgir de-ci, de-là des lettres capitales absolument injustifiées. Si la majuscule s'impose pour les gentilés en leur emploi de noms propres *(les Italiens, un Basque, une Alsacienne...),* il n'en va pas de même quand ces mots sont des noms communs, par exemple au sens de « langue, langage » : *je parle couramment l'anglais...*

Il semble qu'on rencontre là une influence de la langue anglaise, qui met une capitale à tous les mots de ce genre, qu'ils soient adjectifs ou substantifs : *do you speak French ?* (parlez-vous français ?).

53 Exagération provençale... ?

On croise le Château d'If, et bientôt la navette accoste. Petit Port du Frioul : quelques immeubles bas, une église en forme de temple Romain, quelques cafés, quelques arbres écrasés par le soleil. – Non loin de ce « château » se trouve le port de Pomègues. En fait, une petite anse naturelle, facile d'accès, et qui aurait été un ancien port Romain. (le Méridional, 19 juillet 1990)

Magnifique tir groupé dans un article intitulé « Frioul : la dernière frontière » ! Majuscules superflues aux mots *château* et *port* : étant affectés de noms propres qui les caractérisent, ces deux termes génériques doivent se contenter d'une minuscule initiale... Sans doute faut-il voir là l'influence des guides touristiques, qui ont pris l'habitude de mettre une majuscule au moindre terme désignant un monument, un édifice, quand bien même ces derniers ne mériteraient-ils pas l'admiration émerveillée des touristes !

En revanche, il est tout à fait normal de mettre une majuscule à ces termes dès lors qu'ils figurent dans des dénominations ne comportant pas de noms propres : *le Vieux Château, le Vieux[-]Port, le Port Noir*, etc.

Encore une majuscule abusive avec « *Romain* », puisque ce mot est, ici, un adjectif ; il faut écrire : *un temple romain, un ancien port romain*, etc. Mais, bien évidemment, dans son emploi de nom propre le mot doit obligatoirement prendre une majuscule : *Astérix et Obélix mirent en fuite les Romains.*

54 J'hésite à dire qu'Hubert, ce héros, me hait

Les victimes se sont souvenues qu'hormis au Vatican l'infaillibilité n'est pas de ce monde. (*France-Soir, 12 décembre 1988*)

Il fallait naturellement écrire : ... *que, hormis au Vatican, l'infaillibilité...,* car l'initiale de *hormis* est dite « aspirée », et de ce fait interdit l'élision du *e* final de *que*. Du même coup, l'incidente *hormis au Vatican* doit être flanquée de deux virgules. Pourquoi un *h* aspiré ? C'est une vieille histoire. *Hormis* est un mot ancien (XIIIe siècle selon Robert) formé de *hors* et de *mis* et signifiant « mis en dehors de ». Le *h* de *hormis* sera donc de même nature que celui de *hors*. Et comment connaître la nature de cette dernière lettre ? En pensant *au hors-la-loi* (et pas à « *l'hors-la-loi* » !).

Puisque nous avons abordé cette question de l'*h* muet et du *h* dit aspiré, poursuivons sur la lancée avec quelques cas qui s'y rapportent.

Partout fleurissent informations et citations de poètes [...] ; celle, toute récente, du Haïtien Jean-Louis Sugot. (presse parisienne, 2 septembre 1989)

Pourquoi *« du »* Haïtien ? Réponse : au regard du Petit Larousse dont l'auteur avait peut-être l'édition de 1986 entre les mains, il n'y a pas de faute, car ce dictionnaire, au reste très utile, a placé devant le mot *haïtien(ne)* l'astérisque qui signifie : « *h* aspiré » (on devrait plutôt dire : expiré... mais passons). Et voici la définition qu'il en donne : « D'Haïti ». En effet, l'*H* initial du mot *Haïti*, nom propre, est muet, ainsi qu'il appert des timbres-poste et des monnaies de cette nation antillaise, qui portent en suscription : *république d'Haïti.* Il faudrait donc admettre que l'*H* majuscule du toponyme est muet, mais que le *h* minuscule du gentilé qui en dérive (adjectif et substantif) est aspiré ! Voilà bien une de ces « difficultés » arbitraires et artificielles par lesquelles il semble qu'on veuille décourager les étrangers d'apprendre le français ! Pourquoi ne pas décider que cette initiale sera muette dans les dérivés comme dans l'étymon ?

Mais attendez, ce n'est pas tout. Curieusement, dans son édition de 1976, le Petit Robert, autre dictionnaire, et non moins utile d'ailleurs, écrivait : *« De Haïti »,* à l'inverse de la graphie officielle nationale, tandis qu'il exemptait l'initiale du gentilé *haïtien(ne)* de l'apostrophe dont il use toujours devant les *h* aspirés ! De quoi déconcerter les meilleures volontés...

Bien que Hannibal, battu par les Romains, y eut trouvé refuge en 189 av. J.-C., Gortyne se soumit à Rome (67 av. J.-C.) qui en fit la capitale d'une province. (Guide Michelin « Grèce », 1986, p. 197)

Coup double ! Premièrement, la locution conjonctive *bien que* exige le subjonctif. Or *eut trouvé* n'est pas un subjonctif, mais un indicatif (passé antérieur). Le subjonctif plus que parfait du verbe *trouver* s'écrit *eût trouvé.*

Deuxièmement, *que Hannibal* est un spécimen de français cafouilleux. Francis Blanche le parlait mieux, qui a chanté, dans ses fameux *Généraux à vendre :*

... Et les éléphants d'Hannibal
Quand il n'était que caporal...

L'*h* initial d'Hannibal doit être considéré comme

muet, et la conjonction *que* doit s'élider devant lui : *bien qu'Hannibal* (même si l'on doit entendre « cannibale » !). Ainsi sont normalement traités les *H* initiaux des noms propres référant à l'Antiquité : *les Mémoires d'Hadrien, un chapitre d'Hérodote, le code d'Hammourabi.* Dans le domaine des noms modernes règne un certain flou artistique : *une idée de Himmler* est correct ; *les hordes d'Hitler* ne l'est pas moins.

En ce qui concerne les noms communs, il existe une règle de principe. Sont muets les *h* placés à l'initiale des mots d'origine grecque et latine ; sont généralement aspirés les *h* initiaux des mots d'origine germanique. On doit dire : *l'hiéroglyphe égyptien* (grec *hierogluphos*), *un nouvel horaire* (latin *horarium*) ; mais : *un nouveau hangar* (francique *haimgard*), *un beau hachis* (francique *happja*), et non : « *un bel hachis* » !

Encore faut-il, pour s'y retrouver, connaître l'étymologie et prendre son parti de quelques incohérences : ainsi, l'on dit et l'on écrit *le héros* (mot pourtant issu du grec), mais *l'héroïne* et *l'héroïque*. Pour *handicap* et *handicapé* (mots empruntés à l'anglais, langue germanique), l'usage est encore indécis (mais nous ne prônons pas l'élision).

La méconnaissance de la nature exacte de cette

lettre qui tantôt n'est qu'un signe graphique sans effet, tantôt empêche liaison et élision, se remarque chez des écrivains cotés. Que de fois nous avons lu : *la hyène,* alors qu'on doit dire et écrire : *l'hyène* (du grec *huaina*) ! Pierre Loti lui-même a intitulé un de ses livres *la Hyène sauvage*. Même chose pour *hiatus*, du latin... *hiatus*. Dans la préface qu'il a donnée aux *Trois contes* de Flaubert (éd. Gallimard, coll. « Folio » 1973-1988), Michel Tournier, de l'académie Goncourt, écrit : « ... *on voit diminuer régulièrement le hiatus entre le réel et le mythe* » – alors qu'il devait écrire : *l'hiatus.*

C'est également ce que nous avons pu lire dans *Télé 7 Jours* daté 20-26 février 1988, sous le titre « Le plus ardent défenseur de la langue française » : *Il [Étiemble] a escamoté son prénom René à cause du hiatus : « René-é, c'est affreux ! »*

Le rédacteur de l'article n'a pas craint, lui, en fait d'hiatus, d'en commettre un, et un beau, qu'il eût évité en écrivant, comme on doit écrire : *à cause de l'hiatus.*

À l'inverse, on voit parfois le *h* dit abusivement « aspiré » supplanté par l'*h* muet, tout surpris de cet amuïssement. Exemple :

Nouvelle traduction, nouveau sourire de l'accusé, nouvel hochement de tête (*France-Soir,* 8 déc. 1989)

Bien entendu, il fallait écrire : *nouveau hochement* (du francique *hottisôn*).

55 Le *Ville-de-Rouen* salue la ville de Brest

Le Béarn, conception et caractéristiques, Le Sénateur Louis Brindeau.

Ce titre d'article, puis ce sous-titre d'un autre article de la revue bimestrielle *Marines* rejoignent dans l'erreur le sommaire de la « une » de novembre-décembre 1989, où l'on peut lire : *Pilotage du Havre – Le cuirassé Marceau – Une frégate au* XVIIIe *–*

Cargos en armes – Le Béarn – Vapeurs pour l'Algérie en 1830.

Voilà en effet des expressions qui accrochaient l'œil : quels ont bien pu être les rapports du Béarn – région sans côtes – avec la marine ? Que va-t-on apprendre des activités de ce sénateur apparemment peu connu ?...

Mais la réalité était tout autre, les journalistes de cette jeune revue au contenu rédactionnel digne d'estime se montrant quelque peu « légers » en ce qui concerne la présentation typographique. Car la vicomté de Béarn n'est nullement étudiée ici : il s'agit d'un porte-avions – alors que l'honorable parlementaire est en réalité un bateau-pilote à vapeur du Havre ! Ces détestables confusions découlent tout bonnement d'un non-respect des règles de l'orthotypographie.

Tout un chacun devrait savoir – et en premier lieu les rédacteurs d'une revue consacrée à la marine – que les noms de baptême attribués en propre à un bateau doivent être composés en italique dans un texte en romain (et inversement). À défaut de possibilité de changement de graisse de caractère, ces noms propres seront mis entre guillemets.

En l'occurrence, il n'y a pas ignorance – puisque très souvent les règles sont appliquées –, mais de graves négligences. Car l'on trouve de tout : de l'italique (excellent !), du romain entre guillemets (pourrait être bon, mais, puisque l'on dispose de l'italique, on ne va pas mépriser la loi de l'uniformisation !), et du romain sans guillemets (forme à rejeter sans appel !)... Pour être complet dans nos critiques, ajoutons que des traits d'union figurent au petit bonheur : on trouve ici *le Georges-Leverdier,* mais, quelques lignes plus loin, *le Quatre Frères Biard.* La quasi-totalité des noms de bâtiments sont écrits sans traits d'union, ce qui n'est pas conforme à la règle typographique orthodoxe – toutefois, cela est mineur comparé à la non-unification de la présentation...

Alors, messieurs et mesdames les rédacteurs, un peu plus de rigueur, s'il vous plaît ! La prochaine fois, tous les noms propres de navires seront en italique : Le cuirassé *Marceau* — Le *Béarn,* conception et caractéristiques — Le *Sénateur - Louis-Brindeau.* Ici, l'article *le* restera en romain car, généralement, l'article n'appartient pas au nom de baptême du bateau — inscrit sur la coque — quand il s'agit d'un substantif ou d'un nom propre de personne réelle ou légendaire. En revanche, avec un adjectif, le plus souvent l'article est bien peint sur la coque, et appartient au nom de baptême. Ainsi : le *Marceau,* cuirassé de premier rang ; les pièces latérales du *Hoche ;* mais : *Le Redoutable* se présente devant la rade.

56 Mise en concordance des citations

L'instruction du 11 juin 1774 voulait que « nul sujet ne peut être officier avant d'avoir exercé et fait le service de soldat pendant deux mois, de caporal deux mois, de sergent deux mois ». (*Tradition Magazine*, n° 34, novembre 1989)

L'inadvertance que nous relevons ici est très fréquente : elle est due au mélange du texte de l'auteur avec une citation que ce dernier a conservée telle quelle, d'où une discordance dans l'emploi des modes. Différentes possibilités sont pourtant à la disposition de celui qui écrit pour éviter cet accident. Ou bien l'on transforme la citation, en l'intégrant au texte général au lieu de reproduire la formulation d'origine :

L'instruction du 11 juin 1774 voulait que nul sujet ne puisse (ou, mieux : ne *pût*) *être officier avant d'avoir exercé et fait le service.*

Ou bien l'on sort de la citation le mot gênant – ici : *peut* – et on le remplace par la forme conjuguée qui rend la phrase correcte : *puisse* (ou : *pût*). Mais, comme cette dernière forme n'appartient pas au texte cité, on la met entre crochets et on la compose dans le caractère du texte général :

L'instruction du 11 juin 1774 voulait que "nul sujet ne [puisse] être officier avant d'avoir exercé et fait le service de soldat pendant deux mois, de caporal deux mois, de sergent deux mois".

Enfin, au lieu de « *voulait que* », l'auteur pouvait fort bien écrire tout simplement : *disait,* ou : *énonçait,* ou : *stipulait,* ou : *précisait,* etc., en remplaçant « *que* » par un deux-points ; il aurait eu ainsi la faculté de citer l' « instruction du 11 juin 1774 » sans y changer un iota et sans commettre de faute, ni contre la langue ni contre la typographie.

57 Tartuffe, personnage de *Tartuffe*

Que ne lisent-ils Tartuffe qui

attirait les yeux de l'assemblée entière
Par l'ardeur dont au ciel il poussait sa prière ;
[Qui] faisait des soupirs, de grands élancements
Et baisait humblement la terre à tous moments.

(*le Monde,* décembre 1988)

Tournure vicieuse : on ne peut lire Tartuffe, qui n'est pas l'auteur de la pièce – c'est un certain Molière qui est le père de ces alexandrins. Ce n'est même pas le faux dévot qui prononce cet éloge, mais sa dupe, Orgon !

Alors, nous direz-vous, il suffisait de composer en italique le mot *Tartuffe,* afin de transformer le nom du personnage en titre de la pièce !... Que nenni !

Ce ne peut être non plus la pièce de théâtre qui « attire les yeux » et « fait des soupirs ».

Il eût donc fallu remodeler la phrase, soit en adoptant le nom du personnage : « Que ne lisent-ils le portrait du simulateur Tartuffe dressé par le trop crédule Orgon, dans le chef-d'œuvre de Molière » – soit en optant pour le titre de la pièce : « Que ne lisent-ils *Tartuffe,* en l'occurrence le portrait crédule du cynique faux dévot dépeint par sa victime Orgon. »

Cette confusion entre titre d'œuvre et nom de personnage est relativement fréquente sous la plume des critiques de théâtre et de cinéma de la presse écrite...

N.B. : La majorité des dictionnaires acceptent la double graphie – un *f* ou deux *f* – pour *tartuf(f)e,* nom et adjectif, et ses dérivés, mais il faut signaler la distinction que semble avoir établie Molière entre le nom propre du personnage et le nom commun exprimant son type d'hypocrisie : la pièce s'intitule *Tartufe* ou *Le Tartuffe...* la majuscule du dernier découlant de l'application des règles d'orthotypographie propres aux titres d'œuvres (cf. *L'Avare*). Nous disons « semble », car même dans le second titre il peut s'agir, en fait, du nom propre – l'article reflétant alors un italianisme.

La Comédie-Française a joué en mai-juin 1990 la pièce de Beaumarchais *la Mère coupable* ou *l'Autre Tartuffe,* créée en 1792, en pleine période révolutionnaire. Les programmes donnaient ce titre avec deux *f* à « Tartuffe ».

M'AIMER MOI ! JE NE SAIS COMMENT VOUS PÛTES ?
T. THOMQ

IV. Conjugaison

Sévère, réfrigérante, la conjugaison des verbes ? Allons donc ! Dégustez, savourez, ce petit chef-d'œuvre du désopilant Alphonse Allais : *Complainte amoureuse*...

Oui, dès l'instant où je vous *vis,*
Beauté féroce, vous me *plûtes ;*
De l'amour qu'en vos yeux je *pris,*
Sur-le-champ vous vous *aperçûtes.*
Mais de quel air froid vous *reçûtes*
Tous les soins que pour vous je *pris !*
Combien de soupirs je *rendis !*
De quelle cruauté vous *fûtes !*
Et quel profond dédain vous *eûtes*
Pour les vœux que je vous *offris !*
En vain, je *priai,* je *gémis,*
Dans votre dureté vous *sûtes*
Mépriser tout ce que je *fis ;*
Même un jour je vous *écrivis*
Un billet tendre que vous *lûtes*
Et je ne sais comment vous *pûtes*
De sang-froid voir ce que je *mis.*
Ah ! fallait-il que je vous *visse,*
Fallait-il que vous me *plussiez,*
Qu'ingénument je vous le *disse,*
Qu'avec orgueil vous vous *tussiez ;*
Fallait-il que je vous *aimasse,*
Que vous me *désespérassiez*
Et qu'en vain je m'*opiniâtrasse*
Et que je vous *idolâtrasse*
Pour que vous m'*assassinassiez !*

Quel beau devoir « conjugal », n'est-ce pas ?

Il est vrai qu'au-delà de ce divertissement d'humoriste cultivé la conjugaison au passé simple et à l'imparfait du subjonctif est ressentie comme une sérieuse difficulté dans l'apprentissage de la langue française, voire dans son emploi quotidien, même pour ceux d'entre nous qui pensent posséder correctement leur français jusque dans ses subtilités grammaticales et orthographiques.

D'une façon plus générale, on peut dire que la conjugaison des verbes présente quelques écueils, notamment quand il s'agit des verbes du troisième groupe – qui comptent le plus grand nombre d'exceptions et d'irrégularités – ou des verbes défectifs. Toutefois, un bon nombre de ces écueils seront aisément surmontés dès lors qu'on aura retenu les constantes graphiques des terminaisons selon les groupes, les modes et les temps.

Si l'on en croit une historiette, il peut en coûter cher d'ignorer l'orthographe des verbes... Un pauvre diable, las de la vie, s'avise un jour de se supprimer. Le chêne le plus proche et un vieux bout de corde feront l'affaire ! Si les branches de l'arbre sont de première qualité, il n'en est pas de même de la ficelle : cette dernière ne remplit pas son office, et rompt. Tombé à terre, abasourdi, notre désespéré se retrouve le nez sur un vieil ouvrage philosophique abandonné en cet endroit. Il ouvre au hasard le livre, jette rapidement un coup d'œil sur les premiers mots de la page de droite : *Repens-toi de tes mauvaises actions, mon ami !*

Ignorant la conjugaison de *se repentir,* il croit se trouver en présence du verbe *se rependre...* et se précipite dans un jardin pour y voler une solide corde à linge ! Rassurez-vous, lecteurs sensibles et émotifs, son nouvel essai ne fut pas transformé, de bons samaritains étant intervenus à temps.

Ayez donc toujours en tête les finales, les désinences, propres à telles personnes ou à tels temps ! En attendant que la réforme *ait* pris effet, *soyez* sur vos gardes avec les verbes en *-eler* et en *-eter* (ils démant*èlent,* elle croch*ète...* mais : tu mart*elles,* je *jette*), avec ceux en *-ier* (que nous assoc*iions !*), en *-dire* (vous d*ites...* mais : vous contred*isez*) ! *Vainquez*

les formes abstruses des verbes défectifs comme *ardre, chaloir, reclore* et compagnie ! À cette condition, vous ne serez pas « épinglés » dans le présent chapitre...

*
* *

58 Je ne cèlerai rien, mais révélerai tout

Le procès exemplaire [du général Noriega] voulu par les U.S.A. ne permettra sûrement pas de répondre à toutes les questions [...]. Mais il révèlera peut-être la trouble collusion passée de Noriega avec les services de la C.I.A. (éditorial d'un quotidien du Centre, 5 janvier 1990)

La faute est (était ?) très petite, elle joue sur un accent ; elle est autant du domaine de l'orthographe que de celui de la conjugaison. Il s'agit du mot

« *révèlera* », qui aurait dû être écrit *révélera,* avec deux accents aigus sur les deux premiers *e*, et non avec un accent grave sur le deuxième. Rappelons la règle, qui est une des cibles principales de la réforme : si, à l'infinitif, l'avant-dernière syllabe du verbe est muette (exemple : *amener, achever, celer, geler, promener,* etc.), cette syllabe prend un accent *grave* sur l'*e* au futur (*il achèvera*) et au conditionnel (*je me promènerais*) ; mais si, à l'infinitif, cette avant-dernière syllabe porte un accent aigu sur l'*e* (*adhérer, héler, rasséréner,* etc.), cette lettre garde son accent *aigu* aux deux temps dont il s'agit. Or c'est le cas du verbe *révéler* qui fait *je révélerai* au futur, *je révélerais* au conditionnel. Cet accent aigu ne se transforme en accent grave que devant une syllabe finale muette, ce qui est le cas au présent de l'indicatif : *j'adhère, je révèle.*

NOTE : L'accent circonflexe, lui, subsiste à tous les temps : *je mêle, je mêlerai ; la vache vêle, vêlera, a vêlé.* Exception : *être* (*étais, étiez,* etc.).

59 Fichu verbe *foutre* !

Puis, tout foutit le camp, (dans la rubrique littéraire du *Canard enchaîné,* 27 décembre 1989, page 7)

Le style satirique autorise toutes les audaces, et Dominique Durand ne se prive d'aucune. Aussi s'est-il permis allégrement cette dérogation à l'usage qui veut (Larousse, Robert) que le verbe du 3e groupe *foutre* soit « inusité au passé simple ». Robert, d'ailleurs, va plus loin : selon lui, ce verbe défectif ne se conjuguerait pas davantage au passé antérieur (indicatif) non plus qu'au passé et au plus-que-parfait du subjonctif, ce qui paraît excessif puisque ce sont là des temps composés et que *foutre* jouit d'un participe passé normal, *foutu,* parfaitement apte à jouer son rôle dans un passé du subjonctif (*que j'aie foutu*) ou un plus-que-parfait du même mode (*que j'eusse foutu*). Maintenant, que ces formes soient rares ou même inusitées, c'est autre chose : cela ne les empêche pas d'exister théoriquement, donc d'être disponibles. Au contraire, le passé simple « *tout foutit le camp* » est une pure création néologique, faite pour l'amusement du lecteur.

Même indépendamment de ses emplois grossiers, *foutre* est un terme peu élégant que la plupart des dictionnaires ont longtemps boudé. Pierre Larousse (t. VIII, 1872) y consacre toutefois un long article, mais Littré l'ignore, ou plutôt se borne à y faire allusion sans le citer (en le dénigrant par sous-entendu) aux mots *fichtre !* et *fichu(e),* ce dernier étant donné comme l'un des deux participes passés d'un verbe *ficher.* À noter que ce verbe *ficher* (différent de ceux qui signifient « mettre en fiches » ou « planter ») a un second infinitif : *fiche,* ce qui fait qu'il appartient à la fois au 1er groupe et au 3e.

60 Il élit aujourd'hui ceux qu'hier il élut

On se rappelle que l'envoyé spécial de l'Humanité *au congrès du P.C. roumain qui réélit Ceausescu [...] s'était vu confisquer son exemplaire.* (*le Canard enchaîné,* 3 janvier 1990)

Cher *Canard,* il te faut réviser tes tables de conjugaison : au passé simple, le verbe *réélire* ne saurait donner « *qui réélit* », mais bien : *qui réélut,* car le verbe *élire,* dont *réélire* dérive, se conjugue comme *lire* :

Présent	Imparfait	Passé simple
J'élis	J'élisais	J'élus
Tu élis	Tu élisais	Tu élus
Il (elle) élit	Il (elle) élisait	Il (elle) élut
Nous élisons	Nous élisions	Nous élûmes
Vous élisez	Vous élisiez	Vous élûtes
Ils (elles) élisent	Ils (elles) élisaient	Ils (elles) élurent

La voyelle *u* ne paraît d'ailleurs qu'au passé simple, à l'imparfait du subjonctif (*que j'élusse, que nous élussions*), très modérément usité, et au participe passé *élu.* – Nous avons retrouvé cette faute dans *France-Soir* du 22 septembre 1990 : « *Ses électeurs le réélirent.* »

61 Si c'est à exclure, on l'exclut

Début juillet, [...] la plus haute instance judiciaire américaine affirme que l'interdiction constitutionnelle d'un châtiment cruel et extraordinaire n'exclue pas l'exécution pure et simple des attardés mentaux. (*France-Soir,* 18 juillet 1989)

Faute de conjugaison. Au présent de l'indicatif, *exclure* donne ceci : *j'exclus, tu exclus, il/elle exclut, nous excluons, vous excluez, ils/elles excluent.* La forme *exclue* n'existe qu'au présent du subjonctif (*il veut que je l'exclue*) et au féminin du participe passé (*cette condition est exclue du règlement*).

Ce coquin de verbe *exclure* embarrasse décidément beaucoup nos journalistes ; ainsi lit-on dans *France-Soir* du 30 octobre 1989 :
Certaines familles s'exclueraient elles-mêmes de la société où, pour la plupart, elles ne demandent qu'à s'intégrer.

Avouons que ce « *s'exclueraient* » laisse perplexe. En effet, le verbe *excluer* n'existe pas dans la langue française, où figure, en revanche, le verbe *exclure* dont la conjugaison provoque tant de méprises ! Au conditionnel il faut : *j'exclurais, nous exclurions, ils* ou *elles excluraient.*

À noter une particularité : alors qu'au participe passé *exclu* ne prend pas de *s* final (sauf, bien sûr, au pluriel) et donne *exclue* au féminin, il n'en va pas de même pour *inclus,* qui fait *incluse* au féminin, tout comme l'adjectif et nom *reclus(e),* issu de l'ancien verbe *reclure,* aujourd'hui rayé du vocabulaire.

62 Fassent ou fissent ?

Il ne faudrait pas, comme le scrutin de dimanche le donne malheureusement à penser, que l'Europe fût seulement subie, que les Européens ne fassent que s'y résigner. (dans l'éditorial d'un quotidien parisien du soir, signé du directeur de cet organe)

Cette phrase comporte deux subordonnées : *que l'Europe...* et *que les Européens...* Pourquoi l'auteur a-t-il employé l'imparfait du subjonctif pour la première (*fût*) et le présent du même mode (*fassent*) pour la seconde ? N'hésitons pas à le dire : c'est une faute. Ou bien il écrivait comme on parle : *que l'Europe soit seulement subie, que les Européens ne fassent que... ;* ou bien il persistait dans la forme « noble » : *que l'Europe fût seulement subie, que les Européens ne fissent que...* Ce n'est pas une affaire de concordance des temps, mais de cohérence dans le propos. Au XVIIIe siècle, le conditionnel présent dans la proposition principale (ici, *il ne faudrait pas*) entraînait automatiquement l'imparfait du subjonctif dans la subordonnée ; dès le romantisme, cette obligation s'est relâchée, non sans quelque raison : pourquoi un présent dans la principale impliquerait-il nécessairement un passé dans la subordonnée ? *Il faudrait qu'il soit* n'est pas choquant et peut très bien se défendre à l'analyse. En revanche, si le conditionnel emprunte une de ses deux formes du passé, l'imparfait du subjonctif derrière la conjonction *que* est indispensable en langage écrit : *il aurait fallu* [1er passé] *qu'il fût, il eût fallu* [2e passé] *qu'il vînt.* Dans l'extrait journalistique cité ici, le présent *soit* était justifiable ; surtout, il aurait été préférable à la disparité que nous avons prise à partie.

Préférable, mais pas obligatoire, et surtout pas sous peine de mort ! Il est des citoyens qui prennent si fort à cœur la défense de leur langue qu'ils se disent prêts aux pires extrémités pour châtier des compatriotes coupables d'avoir offensé la grammaire, comme eût dit certaine « femme savante ». Voici de larges extraits d'une lettre qu'a reçue d'un de ces extrémistes le directeur d'un de nos plus grands journaux parisiens (elle est datée de Marseille le 19 juin 1989) :

« Monsieur le Directeur,

» [...] Les terroristes sont parmi nous. Certes, tous ne portent pas des bombes dans leurs poches, des mitraillettes sous leurs vestons ou des couteaux entre leurs dents à l'instar de Ravaillac, Damiens, Cadoudal, Orsini, Ravachol, Fieschi et autres Gorguloff et Naccache, non, mais tout simplement une pointe Bic d'aspect bien inoffensif mais néanmoins redoutable lorsqu'elle tombe dans les mains de certains assassins.

» Un exemple tout récent le prouve : il s'agit d'un sinistre analphabète nommé [...] dont vous avez osé publier le vendredi 16 juin 1989 un article intitulé [...] qui contient, entre autres, cette phrase qui ferait hurler d'horreur un élève de 8ème :

» "Pour que les Français se *sentissent* [souligné en rouge] représentés dans une affaire qui ne cesse de grandir en importance, il *faudrait* [souligné en rouge] au moins que les députés européens *fussent* [souligné en rouge] élus dans le cadre régional, qu'il y *eût* [souligné en rouge] des députés d'Auvergne ou de Normandie."

» Incroyable, non ?

» Visiblement et lisiblement, l'analphabète [...], qui massacre cyniquement la langue française, n'a jamais entendu parler des règles les plus élémentaires de la concordance des temps, sinon il n'aurait pu forger cet effroyable galimatias propre à provoquer des infarctus chez certains lecteurs au cœur fragile.

» Cet individu doit être pendu haut et court pour assassinat (ce qui implique la préméditation) de notre belle langue et le plus tôt sera le mieux.

» Le complice étant puni comme l'auteur principal du délit, monsieur le directeur [ici le nom du journal] doit évidemment partager son sort.

» Je vous salue bien. »

Se découvrir devant des hommes qui vont mourir est la moindre des choses, et, s'ils n'avaient les mains liées (pour les empêcher de continuer d'écrire), il est probable qu'ils rendraient son salut à leur juge, qui ne paraît pas disposé à leur accorder beaucoup de temps pour les maudire.

Dans cette lettre marseillaise, faisons, bien entendu, la part de la galéjade. Mais vouloir pendre deux hommes, dans un pays qui a aboli la peine capitale, parce qu'ils auraient, selon notre Philaminte mâle, transgressé les règles décisives qu'énonça Vaugelas, voilà de la barbarie, et nous en appelons aux droits de l'homme, nous qui pourtant nous flattons de tenter de faire aimer la langue française. Pourtant, il y a pis : cet impitoyable censeur a condamné deux innocents. D'abord le directeur du journal ; il était à Rio de Janeiro le jour où l'article fut rédigé, composé et imprimé : c'est un alibi. Mais, en admettant sa responsabilité théorique *in solidum* avec l'auteur, encore faudrait-il que celui-ci soit (ou fût) coupable ; or il ne l'est pas.

Ainsi que nous l'avons exposé plus haut, si la concordance des temps – notion qui fait sourire les véritables grammairiens, depuis longtemps conscients que la souplesse de la langue exige la *discordance* des temps en de multiples cas –, si donc la concordance des temps justifie logiquement que le présent du conditionnel soit suivi du présent du subjonctif, il n'en reste pas moins que toute la langue classique, même exempte de préciosité, a fait suivre le conditionnel présent du subjonctif imparfait. Ce n'est pas très conséquent, il faut en convenir, mais les textes sont là, et la langue ne s'en est pas plus mal portée, bien qu'on n'ait pendu personne pour ce prétendu « délit ». La bonne langue consistait (et consiste encore) à dire : *Il faut que les Français sentent cela,* mais : *Il faudrait que les Français sentissent cela.* La correspondance orthodoxe des temps, la voilà, cher Marius !

Et puisque le choix nous est laissé entre imparfait et présent du subjonctif, pourquoi ne pas jouer subtilement de la nuance ?

La *Grammaire Larousse du* XXe *siècle* (© 1936) établit cette distinction (que Grevisse a aussi enregistrée dans un ajout circonspect en petits caractères) : « Quand la principale est au conditionnel [...], seule la modalité explique l'emploi de tel ou tel temps dans la subordonnée. Le présent du subjonctif est un potentiel, le subjonctif imparfait un irréel présent ou passé, et le plus-que-parfait un irréel passé. »

Pour saisir ce que recouvre cette terminologie grammaticale, goûtons les deux phrases suivantes à la manière d'un tastevin.

J'aimerais qu'elle vienne me voir.
J'aimerais qu'elle vînt me voir.

Ne sentez-vous pas dans la première l'expression d'une espèce d'espoir, et d'une sorte de regret dans la seconde ? *J'aimerais qu'elle vienne :* elle viendra, peut-être ; sa venue est *potentielle. J'aimerais qu'elle vînt :* jusqu'ici, en tout cas, elle ne vient pas ; sa venue est *irréelle.*

La concordance des temps est une conception relative, et pour tout dire primaire, qui ne résiste pas aux nécessités de l'expression. Qu'on en juge par ce simple passage des « Pauvres gens » (*la Légende des siècles*), pour lequel il serait mesquin et dérisoire d'exciper des facilités de la licence poétique, et qui, dans une discordance des temps remarquable, dit exactement ce que l'auteur a voulu dire sans heurter ni la syntaxe ni la raison : « Afin que, dans cette ombre où la mort nous *dérobe,* [indic. prés.] / Ils ne *sentissent* [imparf. du subj.] pas la tiédeur qui *décroît,* [indic. prés.] / Et pour qu'ils *eussent* [imparf. du subj.] chaud pendant qu'elle *aurait* [condit. prés.] froid. »

En résumé, il y a, entre les modes et les temps, une grande variété de combinaisons possibles, et il est blâmable de vouloir appauvrir la langue en les ramenant à une « concordance » étriquée. La *Grammaire Larousse du* XXe *siècle* a raison d'observer : « Le subjonctif ne comporte pas autant de temps que l'indicatif (pas de futur, moins de passés), et cette pénurie est encore aggravée par la décadence de l'imparfait du subjonctif. » Cela date, on l'a dit, de 1936 ; c'est devenu encore plus vrai aujourd'hui.

REMARQUE : Si l'on voulait passer au tamis la lettre du lecteur outragé citée plus haut, on y pourrait découvrir matière à critique. Ainsi, il aurait dû écrire : *sous leur veston,* au singulier, car chaque terroriste n'en a qu'un (alors qu'on laissera au pluriel *leurs poches* et *leurs dents* pour la raison qu'ils en ont très vraisemblablement plusieurs) ; un peu plus loin, il fallait écrire en toutes lettres : *un élève de huitième,* d'abord parce que cet adjectif numéral substantivé a piètre figure en chiffre, et puis parce que, en chiffre, la bonne manière est d'écrire : *8e* (et non pas « *8ème* », voir plus haut, p. 56) ; enfin, qualifier un assassinat de « délit » a dû faire sursauter le directeur du journal s'il a quelques notions de droit : l'assassinat appartient sans conteste à la catégorie des *crimes,* et non des *délits.* Pour toutes ces menues fautes, nous espérons qu'il serait plus indulgent que son censeur et ne réclamerait point pour lui la potence.

63 L'*e* du verbe *asseoir*

Le mythe Bardot, je m'asseois dessus. (en titre dans *France-Soir* le 15 novembre 1989)

Nous allons mettre ici en vedette une de ces vétilles contre lesquelles les réformateurs de l'orthographe se gendarment et se déchaînent volontiers. Tous les dictionnaires importants (Littré, Larousse, Robert, Bescherelle, Quillet, etc.) sont d'accord : le verbe *asseoir* ne garde son *e* qu'à l'infinitif. Il convenait donc d'écrire : *je m'assois* (et non *je m'asseois*). C'est, naturellement, une petite chinoiserie, d'autant plus qu'autrefois on a écrit *je m'asseois, il s'asseoit,* et ainsi tout au long de la conjugaison. Il est vrai qu'on a aussi écrit *assoir* sans *e* à l'infinitif (Calvin, 1536) ! En fait, la prononciation n'en étant pas affectée, la présence de ce *e* médian (ou *médial,* comme on dit parfois) importe peu, et dans l'infinitif sa disparition n'apporterait aucun changement ; il n'y figure que comme vestige de l'ancienne conjugaison.

NOTES : 1° Le *e* médian peut avoir une raison de subsister dans le radical *seoir* (verbe qui signifie « aller bien », « convenir » : *cela me sied*) pour le distinguer graphiquement du substantif masculin *soir.*

2° Le verbe *asseoir (s'),* employé surtout à la forme pronominale, a deux présents de l'indicatif : *je m'assois* ou *je m'assieds, ils s'assoient* ou *ils s'asseyent ;* deux imparfaits du même mode : *je m'asseyais* ou *je m'assoyais, vous vous asseyiez* ou *vous vous assoyiez ;* trois versions du futur *(je m'assoirai, je m'assiérai, je m'asseyerai)* et du conditionnel présent *(je m'assoirais, je m'assiérais, je m'asseyerais)*, la troisième étant à peu près abandonnée ; deux formes du subjonctif présent (*que je m'asseye, que nous nous asseyions*, ou : *que je m'assoie, que nous nous assoyions)*, de l'impératif (*assieds-toi, asseyons-nous*, ou : *assois-toi, assoyons-nous*) et du participe présent *(en s'asseyant, en s'assoyant)*. Somme toute, c'est seulement au passé simple *(je m'assis, ils s'assirent)* et à l'imparfait du subjonctif *(que je m'assisse, que vous vous assissiez)*, ce dernier inusité, ainsi qu'aux temps composés avec le participe passé unique *assis(e)* et l'auxiliaire *avoir* ou *être*, que le verbe *asseoir* (*s'*) possède une seule forme de conjugaison.

PARTICULARITÉ : Le verbe *surseoir* se conjugue comme *asseoir* à cette différence près : 1° il n'a pas de double présent de l'indicatif ni de triple futur ; dans ces deux temps, il ne conjugue que la forme en *oi* ; – 2° autre chinoiserie, il garde l'*e* médian au futur et au conditionnel présent ! Exemple : *je sursois, ils sursoyaient, qu'il sursoie*, mais : *tu surseoiras, tu sursoierais*. Un seul participe présent : *sursoyant ;* le participe passé *sursis* est surtout usité comme substantif : *obtenir un sursis*.

64 Je le ferais bien, mais je ne le ferai pas

J'aurai pu me ramasser, mais les challenges me donnent des ailes. (quotidien parisien du soir fertile en faits divers, 11 août 1989)

Il s'agit de l'interview d'un comédien dont le langage est populaire, certes, mais qui, vraisemblablement, a déclaré : *J'aurais* (et non : « *J'aurai* ») *pu me ramasser*, etc. Étant donné son contenu, la phrase ne pouvait être qu'au conditionnel, et non au futur antérieur. Les deux temps, à leur 1re

personne, se distinguent orthographiquement par la présence, au conditionnel, d'un *s* final obligatoire, toujours absent au futur. Exemple : *je mangerai* (futur), *je mangerais* (conditionnel). Il en va ainsi dans la totalité de la conjugaison des verbes français ; il n'y a aucune exception. Phoniquement, la finale *-ai* devrait être prononcée proche du son « é » (*e* accent aigu), la finale *-ais* proche du son « *è* » (*e* accent grave) ; cette différence phonique est plus sensible dans certaines régions de France que dans d'autres ; en Île-de-France, elle est presque nulle, ce qui ne peut que favoriser la fréquence de la faute que nous signalons ici.

Cas analogue mais inverse dans l'interview de Garry Kasparov publiée par le même journal le 3 novembre 1989. Le champion du monde d'échecs aurait dit :
Dans quelques années, très peu d'hommes pourront encore battre les meilleurs ordinateurs. Je pense que dans peu de temps j'aurais un rôle à jouer.

Ici, on a mis le conditionnel *(-ais)* au lieu du futur *(-ai)*.

Même cas à la page 3 d'un quotidien parisien déjà abondamment mis ici à contribution (25 août 1989) :
Si c'était à refaire, je le referai, dit P... F... J'ai ma conscience pour moi.

La confusion est flagrante entre futur et conditionnel. Il est évident que l'imparfait dans la première proposition derrière la conjonction *si* impose le conditionnel dans la seconde. Résumons : avec le présent de l'indicatif *(est),* on dira et l'on écrira *Si c'est à refaire, je le referai* (en parlant, par exemple, d'un devoir mal fait, d'un article raté), sans *s* final au verbe actif ; mais, avec l'imparfait *(était),* on dira et l'on écrira *Si c'était à refaire, je le referais,* avec *s* final au verbe actif.

65 Que nous nous tutoyions et soyons bons amis

Cela impliquerait, évidemment, que nous soyions fiers de la citoyenneté française. (*le Monde,* 10 octobre 1989)

Faute de conjugaison : *soyons* ne prend pas de *i,* qu'il s'agisse du subjonctif présent à la 1re personne du pluriel *(il faut que nous soyons à Paris demain)* ou de l'impératif présent *(soyons brefs !).*

REMARQUE : La faute signalée ci-dessus semble due à une confusion avec la conjugaison des verbes dont l'infinitif se termine par *-yer,* qui, eux, exigent un *i* après l'*y* aux deux premières personnes du pluriel du subjonctif présent : *je veux que vous me tutoyiez, il faut que vous balayiez,* tout comme ceux qui finissent par *-ier* à l'infinitif redoublent leur *i : mieux vaut que vous niiez, faudra-t-il que vous mendiiez ?* Le verbe *être* n'entre dans aucune de ces catégories.

66 « Il déchiquette » rime avec « étiquette »

Il tente d'éloigner les chiens. En vain. L'un d'eux le mord cruellement à la main. Il va assister impuissant à une véritable curée. Les animaux en rage déchiquetent le corps. (*France-Soir,* 14 mars 1989)

Erreur sur la conjugaison du verbe *déchiqueter,* qui se modèle sur *jeter.* Larousse, Robert et Bescherelle, comme autrefois Littré, doublent le *t :* les animaux *déchiquettent* le corps. De toute façon, si l'on voulait n'en mettre qu'un, il faudrait au moins un accent grave sur l'*e* précédant le *t.* C'est ce que fait, par exemple, la brochure du CILF *Pour l'harmonisation orthographique des dictionnaires* (1988), qui enregistre avec un accent grave le substantif *déchiquètement,* mot que les dictionnaires mentionnés plus haut ignorent, connaissant exclusivement *déchiquetage* et *déchiqueture,* lesquels, bien entendu, n'ont pas à doubler le *t* puisque celui-ci gouverne une syllabe sonore (alors que les *t* de *déchiquettent,* ou du singulier *déchiquette,* précèdent une finale muette).

NOTE : Surtout ne pas dire : « je déchiqu't' », non plus que « j'étiqu't' », « je cach't' », « je décach't' », etc., qui d'ailleurs ne sauraient s'écrire !

67 La 3e personne du subjonctif présent

Ce que je veux, c'est le sortir de ce trou avant qu'il meurt. (dans le sous-titrage « français » d'un passage parlé en néerlandais du film de Pierre Jolivet *Force majeure,* 1989)

Elle veut qu'on me croit fou. (sous-titre du film *Niagara,* réalisé par Henry Hathaway)

Que de rédacteurs achoppent sur la conjugaison des verbes des 2e et 3e groupes ! La locution *avant que* exige le subjonctif, qui, à la 3e personne du singulier, du moins en ce qui concerne le verbe *mourir,* se prononce comme celle du présent de l'indicatif (homophonie qui favorise la faute) mais ne s'écrit pas de la même façon. Il faut : *avant qu'il meure,* avec la désinence *e,* et non *avant qu'il meurt.* La lettre finale distingue les deux formes. En revanche, à la 3e personne du pluriel, celles-ci sont homographes : *ils meurent,* au présent de l'indicatif ; *qu'ils meurent,* au présent du subjonctif. De même, le subjonctif était obligatoire dans la proposition subordonnée dépendant de *elle veut* ; il fallait : *Elle veut qu'on me croie fou.* La 3e personne du singulier du subjonctif présent se termine toujours par un *e,* chez tous les verbes (*qu'il mange, qu'il échoie, qu'il pleuve,* etc.), à l'exception des deux auxiliaires *avoir (qu'il ait)* et *être (qu'il soit).*

Profitons de l'occasion pour dénoncer la médiocrité des sous-titres de cinéma et de télévision, souvent rédigés par des ignorants et farcis des fautes d'orthographe et d'accord les plus grossières ; qu'attend-on pour engager des rédacteurs compétents ou des correcteurs professionnels dans des entreprises qui, par leur amateurisme, démolissent la langue et outragent les spectateurs ?

Ainsi, il [le comédien Robert Englund, interprète de rôles effrayants dans les films] peut, de temps en temps, [...] arracher sa peau humaine pour que l'on voit sa peau de reptile. (rubrique des spectacles de *France-Soir,* 29 décembre 1988)

Dites surtout à votre fille que [...] seuls ceux qui font des efforts s'en tirent. Qu'elle ne croit pas trop aux « droits » mais surtout à elle-même. (*France-Soir,* 26 décembre 1989)

Nous jumelons ces cas avec les précédents, car, en fait, ils sont identiques. La locution *pour que* et la conjonction *que* dans les formules impératives impliquent obligatoirement l'emploi du subjonctif, qui ne s'écrit pas comme l'indicatif ; il fallait rédiger ainsi : *pour que l'on voie sa peau de reptile... Qu'elle ne croie pas trop...*

68 Il dissout ce qu'elle moud, elle l'absout car il coud

Un vrai problème... mais ça se résoud. (titre d'un article du *Figaro Magazine,* n° 14044, du 21 octobre 1989)

La conjugaison des verbes du 3e groupe est vraiment une des difficultés majeures du français ! Au point que personne, au *Figaro,* n'a réagi à la vue de ce *résoud* absolument fautif qui s'est substitué au correct *résout...*

Rappelons qu'*absoudre* et *dissoudre* se conjuguent comme *résoudre : il absout, elle dissout.*

La confusion vient sans doute de ce que *coudre* et *moudre* prennent bien, eux, un *d* final à l'indicatif : *elle coud, il moud.* Il faut avouer qu'il y a là un piège un peu malicieux tendu à la mémoire...

69 L'acquéreur nous est tout acquis

Renault Quimper remercie [...] les 1 000 clients qui ont acquérit une voiture d'occasion. (*le Petit Quimpérois,* 28 décembre 1989, dans une annonce ; texte relevé par *le Canard enchaîné* du 10 janvier 1990 dans sa rubrique « La presse déchaînée »)

Plus gravement encore que dans le cas précédemment traité, un verbe du très épineux 3e groupe est mis à mal. Le verbe *acquérir* ne donne pas du tout « *acquérit* » au participe passé, mais bien : *acquis,* et c'est avec lui que se forment les temps composés. Celui des verbes *conquérir* et *requérir* se constitue pareillement ; donc : *j'ai acquis, j'ai conquis, j'ai requis.*

70 Qu'ils se répartissent, ou qu'ils repartent !

En attendant, Maurice Baquet ne se départit pas de son immense modestie. (*le Temps retrouvé,* « le mensuel de la retraite active », n° 35, novembre 1989)

Précision : le contexte montre que le verbe *se départir* aurait dû être au présent de l'indicatif. Et le rédacteur a bien cru qu'en effet il conjuguait ce verbe au présent. Or, pas du tout : *départit* est la forme du passé simple ; pour que le verbe fût au présent, il aurait fallu : *départ*. Mais, avant d'aller plus loin, arrêtons-nous à un autre exemple, tout pareil, chargé de la même faute de conjugaison, qui nous fournira l'occasion d'un développement un peu plus poussé.

Ces envahisseurs aux yeux bridés [les touristes japonais] qui ignorent les congés payés mais savent importer chez nous, outre leurs yens toujours fort appréciés, une courtoisie légendaire dont ils ne se départissent jamais... (*France-Soir,* 1er juillet 1989)

Banzaï ! Un Japonais ne saurait importer qu'au Japon, sauf s'il s'est fixé dans un autre pays pour y exercer le métier d'importateur. Le cas n'est pas particulier aux Nippons du reste. On importe chez soi ; chez les autres, on exporte. Mais nous voulions surtout signaler l'erreur de conjugaison : *se départir* se conjugue comme *partir* ; il fallait donc écrire : *dont ils ne se départent jamais*. De même qu'on ne dit pas : « *ils partissent* », mais : *ils partent,* de même on doit dire : *ils se départent de leurs engagements,* et non « *ils se départissent* ». C'est un verbe du 3e groupe (et non du 2e, où la désinence se fait en *-issait* à l'imparfait de l'indicatif et en *-issant* au participe présent, par exemple pour les verbes *finir, jaunir, vernir,* etc.). Dans la phrase citée, l'auteur a conjugué *se départir* comme si ce verbe appartenait au 2e groupe.

Nous venons d'énoncer la règle. Elle est souvent transgressée. Adolphe-V. Thomas observe que « l'usage est suffisamment flottant pour que de bons écrivains s'y soient trompés », et il relève des exemples fautifs, cités par Grevisse, chez René Benjamin, Maurice Barrès et André Gide. *Départis/départit* existe, certes, mais seulement au passé simple, de même que *départisse* à l'imparfait du subjonctif.

REMARQUE : *Répartir,* au contraire, est du 2e groupe et se conjugue, lui, comme *finir (il répartissait sa fortune entre ses enfants),* bien qu'issu également de

partir ; au contraire, *repartir*, SANS ACCENT (= répliquer vivement, faire une *repartie*), est du 3e groupe et se conjugue comme *partir* (et comme *repartir* au sens de « partir à nouveau, s'en retourner »). Voici un récapitulatif, où nous donnons successivement, après l'infinitif en entrée, le présent de l'indicatif (3e pers. du sing.), le passé simple (*id.*), l'imparfait de l'indicatif (*id.*), le participe présent :

Partir. – Il part, il partit, il partait, partant. (3e groupe) – Temps composés avec l'auxiliaire *être*.

Se départir. – Il se départ, il se départit, il se départait, se départant. (3e groupe) – Temps composés avec l'auxiliaire *être* (verbe pronominal).

Répartir (= distribuer). – Il répartit, il répartit, il répartissait, répartissant. (2e groupe) – Temps composés avec l'auxiliaire *avoir* et *être*.

Repartir (= partir de nouveau). – Comme *partir.*

Repartir (= répliquer avec esprit, ou avec vivacité). – Il repart, il repartit, il repartait, repartant. (3e groupe) – Temps composés avec l'auxiliaire *avoir.* – En fait, ce verbe n'est usité qu'au passé simple et aux temps composés.

71 Qu'il le sût sans que je le susse

Si j'étais tout minusculet
Ou Lilliput, je vous assure
Qu'au milieu de cette figure
Tout doucement je grimperais.

Et jouant aux montagnes russes,
Je voudrais me laisser glisser,
Remonter et recommencer
Mais que personne autre le susse.

Car s'il venait à le savoir,
Ce monsieur pourrait, ô ma mère !,
Me mettre dans sa tabatière
Et me priser sans le vouloir.

(Extrait de *Rus et Torrents,* par Gaston Leval,
dans le poème « Le monsieur au grand nez »,
troisième du chapitre « Enfantines » ;
la Ruche ouvrière, Paris, 1975.)

Nous l'avons fait observer en son temps au regretté Pierre Piller, dit Gaston Leval (1895-1978), qui ne pouvait qu'en convenir : le vers *Mais que personne autre le susse* est une erreur absolue, où « les torts de la rime » (Verlaine *dixit*) l'ont induit à se fourvoyer ! D'une part, *personne,* pronom indéfini, exige la négation *ne ;* mais ici l'auteur pouvait à la rigueur, légitimement ou abusivement, alléguer une licence poétique : on en a vu d'aussi audacieuses ! Impossible, en revanche, d'amnistier pareillement la faute sur la conjugaison du verbe *savoir,* qui, à la troisième personne du singulier du subjonctif, donne *qu'il sût* (et non *qu'il susse ;* en effet, *susse* est la forme de la première personne : *que je susse,* qui est inusitée en raison de son homophonie ridicule avec *que je suce,* du verbe *sucer* au subjonctif présent). *Rus et Torrents* est, en dépit de cela, un recueil plein de charme, de délicatesse et d'émotion, où s'exprime une sensibilité originale et sans cesse en éveil. À l'auteur, inconsolable de cette bévue, nous avons proposé de substituer à ce vers malheureux cette doublure :

Mais qu'à son insu j'y courusse.

C'eût été là une cheville acceptable pour la prothèse de la strophe.

Hélas ! quand Gutenberg est passé par là, il n'y a plus rien à faire : s'agirait-il de la Bible qu'on ne saurait plus changer un iota...

Heureux sujet de consolation : Victor Hugo lui-même a torturé horriblement la conjugaison d'un verbe. C'est dans *Dieu,* poème publié, il est vrai, six ans après sa mort, et qu'il n'a pu, par conséquent, revoir au stade de l'impression, que figurent ces vers, parmi une énumération de machines de guerre antiques :

Béliers fixes, heurtant les murs comme des proues,
Telenos enlevant des soldats, tours à roues
Recouvertes de mousse et de crin de cheval ;
Plus tard, pierriers broyant quelque donjon rival
Jusqu'à ce qu'il s'en aille en cendre et se dissoude,
Mangonneaux, fauconneaux, bat-murs, pièces à coude...

À quoi attribuer ce *qu'il [...] se dissoude* cent fois incorrect et hétérodoxe ? À une distraction de l'auteur, une inadvertance étant toujours possible ? À la volonté et au choix délibéré d'une licence poétique très hardie ? En tout cas, pas à l'ignorance, bien entendu ! Comme il s'agit d'un écrit posthume non revu ni corrigé, cette circonstance suffit pour qu'on absoude... pardon ! qu'on *absolve* l'auteur de ce mystérieux poème qui fournit à René Journet et Guy Robert, avec le concours du CNRS, la matière de cinq volumes d'édition critique, deux chez A. G. Nizet (1960-1961), trois chez Flammarion (1969).

REMARQUE : Dans le texte hugolien, si l'auteur avait tenu à garder une rime avec *pièces à coude,* il aurait pu modifier ainsi son alexandrin :

Jusqu'à ce qu'il se brise aux chocs et se dessoude.

Car le verbe *dessouder,* lui, ressortit à la conjugaison générale du 1er groupe. Le grand poète aurait eu plus de difficulté s'il avait voulu régulariser la conjugaison de *dissoudre* et rectifier son vers en : *Jusqu'à ce qu'il s'en aille en cendre et se dissolve,* les seules rimes en *-olve* connues étant les trois désinences de : *absolve, dissolve, résolve,* et le substantif *volve* (= membrane de certains champignons), fâcheusement omis par le *Dictionnaire des rimes* de Pierre Desfeuilles (Garnier éd., Paris, 1928 ; rééd. 1985). Il n'aurait pu remplacer *pièces à coude* par *pièces à volve,* à moins d'inventer un canon fictif comme il inventa une ville imaginaire, Jérimadeth, dans « Booz endormi » !

72 Un subjonctif bien imparfait

Mon tube digestif s'en est enduit depuis
Mes toutes premières années :
Ma mère l'adorait, j'en eûs tari des puits
Autrefois, dans les Pyrénées.

Raoul A. Bodinier, *Les Montagnes fleuries,*
éd. Guide des lettres-Institut académique de Paris,
Paris 1989)

L'auteur célèbre « L'heure du miel », en hommage à un ami apiculteur. L'accent circonflexe venu coiffer impromptu le *u* médian de *eus* ne saurait suppléer aux lettres manquantes ; il fallait : *eusse (j'eusse, tu eusses, il eût, nous eussions, vous eussiez, ils eussent).*

La poésie libre n'est pas plus exempte de cette confusion entre les temps de conjugaison que ne l'est la poésie classique. Sans avoir à potasser outre mesure, nous en détectons un cas dans un joli quatrain de poésie spontanée telle que l'aime et la sert dignement Pierre Boujut, fondateur de feu *la Tour de feu,* mais, empressons-nous de le dire, ce n'est pas dans une œuvre de lui que nous le pêchons :

> Je suis toujours le même en instance de tout
> Et je pars tout le temps pour ne pas arriver
> Pour ne pas revenir davantage, oh ! non plus
> Sachant qu'en revenant je n'eus rien retrouvé.

Ces vers sont extraits d'un poème intitulé « Fainéant des choses inachevées », qui fait partie des *Syllables* d'Adrien Miatlev (*la Tour de feu,* n° 120 ; Jarnac, décembre 1973). Ils seraient meilleurs sans la faute de conjugaison qui les dépare. Là encore, c'est *eusse* (et non « *eus* ») qui s'impose.

Terminons toutefois sur un emploi correct de ce malheureux conditionnel passé, tel qu'il figure dans ce merveilleux vers de Baudelaire, que chacun devrait retenir, et pas seulement pour éviter de commettre la faute : *O toi que j'eusse aimée, ô toi qui le savais !*

E
S
ENT
ES

V. Accords et désaccords

Dans le langage humain, l'accord entre les mots n'est pas du tout indispensable. En anglais, l'adjectif reste invariable : *mon frère est grand ; ma sœur est grande ; mes sœurs sont grandes* se disent respectivement *my brother is tall ; my sister is tall ; my sisters are tall.* En français, l'adjectif s'accorde en genre et en nombre avec le nom auquel il se rapporte. C'est une règle de fer, venue du latin, qui lui-même en avait hérité d'une langue plus ancienne. Ce ne sont pas des linguistes vétilleux, des grammairiens maniaques qui ont inventé cette règle, mais de lointains ancêtres qui vivaient dans des conditions proches de l'état sauvage.

Pensant peut-être que l'accord est un archaïsme indigne d'une langue moderne, certains voudraient l'exclure du français. L'idée est peut-être bonne, mais la réalisation est probablement impossible. L'accord est chevillé à l'être même de la langue française. En outre, il n'est pas inutile : la précision de l'information lui doit beaucoup, en certaines occasions : entre *trois pièces et une entrée spacieuse,* et *trois pièces et une entrée spacieuses,* il y a une différence qui n'est pas négligeable pour un candidat au logement. Dans la plupart des cas, il est vrai, l'accord est systématique et non signifiant. Il n'empêche que ce n'est pas demain la veille qu'un Français sera capable de dire sans sourciller *Je préfère les boissons léger qui ne fait pas grossir.*

Pourtant, il y a ce fameux accord du participe passé. Eh bien ! constatons-le : voilà un accord que la langue est en train de lâcher spontanément. La compétence des locuteurs français est fréquemment en échec dans ce domaine. Qui peut se vanter de n'avoir jamais proféré, dans un moment de hâte ou d'émotion : « *la décision que j'ai pris* » (au lieu de *que j'ai prise*) ou « *la maison qu'elle s'est faite construire* » (au lieu de *s'est fait construire*) ? La subtilité de la règle, résultat d'une longue histoire, est sans doute ici la principale cause de son effritement. Nous ne voyons guère de remède satisfaisant. Introduire une règle simplifiée obligerait simplement à apprendre... une nouvelle règle, forcément assortie d'exceptions diverses. Le mieux n'est-il pas, tout compte fait, de parler et d'écrire... en bon accord ?

*
* *

73 Madame, vous êtes témoin !

Quant à la mer, témoin silencieuse du drame, rarement le cinémascope et le technicolor lui ont offert... (*Thalassa,* n° 36, novembre 1989)

L'auteur de la chronique sur la vidéocassette du film *Plein soleil,* de René Clément, a accordé l'épithète de *témoin,* mot exclusivement masculin, sur le terme principal : *mer,* dont le groupe « *témoin silencieuse du drame* » forme une apposition. On ne saurait accepter cette audacieuse formulation au titre de la syllepse, figure de style (?) qui permet à d'aucuns de justifier ce qui n'est autre qu'inadvertances et maladresses... Accorder *silencieux* sur *témoin* eût été inattaquable, quel que soit l'ordre adopté pour le syntagme nominal : *Quant à la mer, silencieux témoin...* (ou : *témoin silencieux...*).

74 « La sentinelle, il est barbu ! »

Les victimes seront ravies d'apprendre que, malgré les 2 milliards de trou, ils avaient raison d'avoir confiance. (*le Canard enchaîné*, 11 juillet 1990)

Le pronom *ils*, qui est masculin, ne peut représenter le substantif *victimes*, qui est féminin. Il fallait donc écrire : « ... *elles* avaient raison d'avoir confiance ». Bien entendu, le rédacteur a été trompé ou gêné par le fait que les victimes en question pouvaient être les unes des hommes, les autres des femmes ; il avait pourtant bien accordé l'adjectif *ravies* au féminin pluriel ; seulement, le pronom étant placé derrière une incidente, il avait eu le temps de perdre de vue le genre du mot auquel ce pronom se substituait !

Il existe ainsi dans la langue française un certain nombre de noms trompeurs ; aussi convient-il de ne pas faire de confusion entre la notion grammaticale de *genre* et le concept biologique de *sexe*. Voici quelques exemples :

Noms féminins signifiant ou pouvant signifier des individus masculins : *une canaille, une fripouille, une personne, une sentinelle, une victime.*

Noms masculins signifiant ou pouvant signifier des individus féminins : un *chaperon,* un *mannequin,* un *otage,* un *soprano.*

Cette liste n'est pas exhaustive, et la terminologie professionnelle tend à l'allonger. Quand on emploie un de ces noms, il faut prendre garde à son genre s'il doit être relayé plus loin par un pronom de substitution.

REMARQUE : Les écrivains portent en général une grande attention à cette concordance touchant le genre. Sur le nombre, ils se permettent plus de liberté. Ainsi, Gustave Flaubert a pu écrire dans ses *Trois contes* (« Hérodias ») : *L'exaltation du peuple grandit. Ils s'abandonnèrent à des projets d'indépendance.* Un substantif au singulier *(peuple)* dans la première phrase est représenté dans la seconde par un pluriel, *Ils*. On se demande en pareil cas si l'on devrait défendre la rigueur de la syntaxe ou s'il vaut mieux louer la souplesse de la langue !

75 En toute autre occasion, l'aventure est tout autre

J'ai accepté [de faire reparaître l'Aurore*] parce que la valeur humaine que je respecte avant tout autre est* *le courage*. (Jean-Claude Boussac, *l'Idiot international,* 17 mai 1989)

Il s'en faut d'une seule lettre que l'auteur ne dise ce qu'il voulait dire. En effet, *la valeur que je respecte avant tout autre* signifie : « celle que personne ne respecte plus que moi ». Or le rédacteur ne voulait pas dire cela, mais : « celle que je respecte le plus parmi toutes les valeurs », et il devait écrire : *que je respecte avant toute autre* (sous-entendu : *valeur*), avec un *e* final, marque du féminin, à l'adjectif indéfini *tout*. On le voit, un petit *e* présent ou manquant, et une phrase entière change de sens.

REMARQUE : On écrira pourtant *C'est une tout autre personne que j'ai rencontrée ce jour-là,* sans accord au féminin parce que, dans cette phrase, *tout* est adverbe : on peut le remplacer par *totalement, tout à fait (une personne totalement autre)*, ce qu'on ne peut pas faire quand *tout* est adjectif.

REMARQUE *bis :* On écrira (et dira) pourtant *elle en resta toute surprise,* phrase équivalant à *elle en resta totalement surprise.* C'est que la langue ne supporte pas la sonorité masculine de *tout* lorsqu'il est employé à propos d'un féminin. À l'adverbe invariable s'est donc substitué l'adjectif féminin *toute : la voiture est toute cassée* équivaut en effet à *toute la voiture est cassée.* Si l'adjectif féminin commence par une voyelle, la liaison fait prononcer le *t* final de l'adverbe *tout,* et la discordance choquante disparaît. Et voilà pourquoi votre fille est *toute surprise,* mais *tout étonnée.*

76 On en voit de toutes les couleurs !

La chevelure attirée vers une blondeur vénitienne, des yeux noisettes qui s'éclaircissent quand viennent les beaux jours, Katia est l'aînée d'une famille de deux enfants. (*le Progrès* [= de Lyon] *Vacances*, 16 juillet 1990)

Nous avons là une faute fréquente, due à la méconnaissance de la règle concernant les substantifs employés en tant qu'adjectifs de couleur... Les noms utilisés adjectivement sont en effet invariables, et il en est ainsi de *noisette* comme de *cerise, framboise, orange, pastèque, pistache* – pour ne citer que des friandises ! Il aurait donc fallu écrire : *des yeux noisette,* car l'on considère qu'il s'agit d'une tournure raccourcie pour « des yeux qui ont la couleur de la noisette ». D'où les graphies licites : *des blousons moutarde, des pulls cyclamen, des polos citron, des pantalons rouille...* Bien entendu, il y a quelques exceptions : *écarlate, fauve, incarnat, mauve, pourpre* et *rose*, qui, eux, varient !

77 Le pluriel commence à deux

Même s'il ne lui a manqué [à l'athlète cubain Javier Sotomayor] que 1,6 millimètres pour battre son record du monde... (*Ouest-France,* 31 juillet 1989)

La faute contenue dans la phrase ci-dessus revient à longueur d'année dans les pages des journaux, entre autres. Pourtant, il s'agit là d'une grosse bévue que l'esquisse d'une ébauche de raisonnement devrait permettre d'éviter : du moment qu'il y a moins de deux unités (qu'il s'agisse de litres, de kilos, de stères, d'hectares, de miles, de lis – ne nous refusons pas un peu d'exotisme ! –, de dollars, de kilowatts, etc.), le nom de l'unité de mesure reste au singulier (et cela jusqu'à 1,99999999...). Il faut donc écrire : *1,50 litre, 1,92 are, 1,34 kilo, 1,25 dollar de Hong-kong...*

78 Trois cents millions deux cent mille six cents francs

Si les onze cent millions d'individus qui habitent la République populaire [de Chine] adoptent la même attitude, sans doute faudra-t-il doubler d'urgence le réseau routier. (*France-Soir,* 22 mai 1989)

La faute passe généralement inaperçue, et pourtant... il faut un *s* final à *cent* ! Rappelons la règle : quand il est adjectif numéral cardinal, *cent* prend la marque du pluriel s'il est précédé d'un autre adjectif numéral qui le multiplie, à condition qu'il n'y en ait aucun qui le suive ; par exemple, on écrit : *trois cents, mille quatre cents,* mais : *deux mille six cent dix-huit, sept cent mille.* L'objection qui se présente à l'esprit est la suivante : dans la phrase citée ici, le mot *millions* venant derrière *onze cent* ne dispense-t-il pas l'adjectif *cent* de tout accord ? Ce raisonnement est logique ; il se heurte simplement à un obstacle : *million* n'est point considéré comme un adjectif numéral, mais comme un substantif ! Il faut donc écrire : *onze cents millions* tout comme on écrirait : *onze cents maisons* ou *onze cents personnes.* Au contraire, on écrirait : *onze cent vingt millions,* car ici *cent* est suivi de l'adjectif numéral cardinal *vingt.* Si l'on hésite, on a la ressource... d'écrire en chiffres ! – Cela, naturellement, n'est qu'une convention grammaticale qu'il est peu condamnable d'enfreindre.

REMARQUES : 1° *Milliard, billion, trillion,* etc., sont, comme *million,* des substantifs et non des adjectifs numéraux. – 2° La règle énoncée ci-dessus vaut uniquement quand *cent* est adjectif numéral *cardinal,* puisque, lorsqu'il est adjectif numéral *ordinal, cent* reste invariable et dispensé de tout accord ; exemple : *la page deux cent* (= la 200e page) ; *l'an mil neuf cent* (= la 1 900e année de notre ère).

NOTE : La définition de *million, milliard,* etc., comme substantifs, et non comme adjectifs numéraux, n'est pas une chinoiserie gratuite introduite dans la grammaire pour la compliquer, elle découle de la façon même d'employer ces mots. Ainsi, l'on dit : *mille kilomètres* (*mille* est adjectif), mais on ne dit pas « *million kilomètres* », on dit : *un million de kilomètres,* de même qu'on dit : *un millier de kilomètres, millier* étant lui aussi substantif.

79 Les appuie-têtes, les essuie-mains et les cale-pieds

Tous des traines-savates. Gentils quand ça les arrange, odieux quand on les dérange. (*Télérama,* 22 novembre 1989, n° 2080)

On ne s'attardera pas trop sur l'absence de l'accent circonflexe qui devrait coiffer le *i* du premier élément du nom composé, même s'il convient de rappeler que *traîner* et tous les mots de la famille ont ce petit chapeau. Bien plus grave est ce malencontreux *s* final à « *traines* » ! Car nous sommes ici en présence d'une forme verbale du verbe *traîner,* et non du substantif féminin *traîne.*

Traîne-savates – c'est ainsi que ce mot doit être écrit – est donc un mot invariable : la forme verbale est figée, et *savates* est toujours au pluriel, ce qui est conforme à la logique puisque, même seul, un *traîne-savates* traîne « *ses guêtres* », traîne *ses savates,* çà et là. – Et l'orthographe reste identique lorsque cet oisif est un malheureux unijambiste...

NOTE : Les éléments verbaux entrant dans la composition de noms à deux ou trois éléments sont toujours invariables. À preuve : *un garde-fou, des garde-fous ; un lance-torpilles, des lance-torpilles...*

80 Les gagne-petit ne pèsent pas lourd

Les héros de Chaval économisent d'abord leur vie. Et finissent par s'afficher pour ce qu'ils sont : des gagne-petits. (*Télérama,* n° 2088, 20-26 janvier 1990)

Méconnaissance de la nature grammaticale d'un mot, ici. Dans *gagne-petit,* le second élément n'est plus l'adjectif usuel, mais un adverbe équivalant à *peu.* Ce mot composé est par conséquent invariable, puisque le premier élément est une forme verbale (de *gagner*), donc invariable. Le *gagne-petit* est une personne « qui gagne peu ».

La forme erronée « *des gagne-petits* » nous entraînerait vers des acceptions complètement loufoques à partir d'une imagination débridée : géants-ogres qui gagneraient des gnomes à la loterie ; parents-travailleurs en usine qui, en guise de salaire, toucheraient chaque mois des enfants, etc. Romanciers et nouvellistes, à vos stylos ! Nous vous avons peut-être donné là le point de départ d'œuvres impérissables !

Faute analogue relevée dans un quotidien parisien daté par anticipation du 3 février 1990 : ... *des rendez-vous secrets dans des arrières-salles de café.*

Le substantif féminin *arrière-salle* ne prend un *s* au pluriel qu'à son second élément : *des arrière-salles.* Il en va ainsi de tous les mots composés ayant *arrière* comme premier élément : *des arrière-pensées.* De même, on écrit : *les roues arrière d'une voiture,* le mot *arrière* étant ici invariable. Mais *arrière,* substantif, s'accorde : *les arrières de notre équipe de football, ménager ses arrières.*

81 Un mille-pattes sur le mille-feuille

Ils créent un trois mât. (bimestriel *Au large,* n° 4, 15 décembre 1989 - 15 février 1990, titre sur trois colonnes)

« Plus c'est gros, plus ça passe ! », tous les professionnels de la presse et du livre vous le diront. Alors que de minuscules « coquilles » seront détectées même dans un texte en corps 6 « petit œil », des bêtises « hénaurmes » subsisteront dans les plus gros titres, pourtant objets de toute l'attention des journalistes, des typos et des correcteurs (... du moins, quand il reste des correcteurs !).

Bien évidemment, *trois-mâts,* en toute logique, prend un *s* à *mâts* même au singulier, et il convient de ne pas omettre le trait d'union.

Comparez : *un deux-pièces, un deux-roues, un trois-quarts, un dix-cors, un mille-pattes,* tous noms masculins invariables. Exceptions : *un cent-garde, un mille-feuille* (l'un et l'autre prenant un *s* final au pluriel). Certains dictionnaires suppriment le trait d'union à *millefeuille.* D'autres font la distinction entre *mille-feuille,* « plante », avec un trait d'union, et *millefeuille,* « gâteau », sans trait d'union, tous deux prenant un *s* au pluriel.

REMARQUE : Les promoteurs éventuels d'une graphie *un trois-mât* ne manqueraient pas d'arguments. D'abord, le *mille-feuille,* bien sûr. Mais aussi le fait suivant : alors que l'on prononcera « de beaux trois-mâts [z] anglais », on ne dira jamais « un beau trois-mâts [z] anglais », pas plus que « Bedu, le trois-quarts [z] aile de l'équipe de Roubinac ».

82 Aucun salaire, mais aucuns frais

Cette somme sera débitée directement de votre compte postal, bancaire ou de votre livret de caisse d'épargne sans aucun frais. (*la Lettre de France Telecom,* Île-de-France, juin 1989, envoyée avec la facture de téléphone)

D'abord, il aurait été meilleur de pratiquer la répétition : *de votre compte postal, de votre compte bancaire,* etc. C'est là question de style. Mais il y a surtout, indiscutable, une faute de français pur : le substantif *frais* n'a pas de singulier ; c'est un mot qui ne peut être employé qu'au pluriel. On ne peut dire *j'ai eu un frais ;* il faut dire : *j'ai eu des frais.* Dans l'expression ci-dessus, il se trouve en apposition avec l'adjectif indéfini *aucun,* qui, lui, ne prend la marque du pluriel qu'exceptionnellement, quand il accompagne un nom qui n'a pas de singulier (ce qui est le cas de *frais*) ou un terme usité dans une acception où il ne peut être qu'au pluriel (par exemple, *travaux publics*). Dans la publication de Telecom, il fallait écrire : *aucuns frais.*

83 Qu'est-ce qu'ès ?

Même l'épouse de M. Jean-Yves Le G..., le grand maître ès islamisme du Front [national], craint — à tort, assure-t-il — que son mari finisse par préférer Mahomet à M. Le Pen. (lu dans l'un de nos quotidiens parisiens que beaucoup considèrent comme le plus culturel, numéro du 31 août 1989)

L'ignorance au sommet de la culture ! Car il s'agit bien d'ignorance, sinon le rédacteur eût écrit : *grand maître ès choses de l'islam ;* que lui en eût-il coûté de plus d'introduire ce pluriel obligatoire ? Signalons en outre une faute vénielle ; il fallait écrire : *craint* [...] *que son mari ne finisse par préférer,* car le verbe *craindre* et ceux qui ont un sens voisin exigent, quand ils sont affirmatifs, l'emploi du *ne* explétif, qui n'est toutefois qu'un ornement. Avec le mauvais emploi de *ès,* c'est la langue française qui est trahie ! Cette particule, étant la contraction abréviative des mots *en les* (= dans les), ne peut, de ce fait, se placer que devant un pluriel : *docteur ès lettres, licencié ès sciences, un magistrat pris ès qualités,* etc.

Autre exemple relevé dans la presse parisienne du soir (et de haut niveau) en date du 20 mai 1989 :

Sans doute est-il tout à fait inconvenant de faire figurer M. Henri Guillemin sous une rubrique au titre aussi cavalier que « Spécial-copains ». Mais ce maître ès liberté n'est pas homme à s'en froisser.

À sa place, nous aurions été froissés... de fournir à ce journal justement apprécié l'occasion d'une faute aussi caractérisée. Il fallait écrire : *ce maître ès libertés* – ou simplement : ... *en matière de liberté.*

Un exemple encore, parmi d'innombrables :

Le bachelier ès musique (titre, à cheval sur les pages 10 et 11 de *Liber,* « revue européenne des livres », en date du 2 décembre 1989)

Cette revue, consacrée à la production littéraire de notre continent, donc à vocation noblement culturelle, donne là une singulière leçon de français. Car ce titre signifie exactement : « *Le bachelier en les musique* », au mépris de tout accord, ce qui, dans ce contexte, est un comble !

Ceux qui commettent l'erreur de faire suivre *ès* d'un nom au singulier trouvent à la fois une excuse et une consolation dans la toponymie officielle puisque la commune de Saint-Alyre-ès-Montagne, dans le Puy-de-Dôme, ne met pas de *s* final à ce dernier mot (Index Atlas, éd. Oberthur 1969 ; carte Michelin 76), qui devrait être écrit *Montagnes.*

La toponymie a gardé parfois la forme désuète *es,* sans accent (exemple : Arrodets-es-Angles, dans les Hautes-Pyrénées).

84 Un des plus beaux accords

"Plein soleil" est un des plus réussi huis-clos sur l'eau. (*Thalassa,* n° 36, novembre 1989)

Ne nous attardons pas sur le trait d'union superfétatoire de *huis clos :* après tout, faire de ce syntagme nominal un nom composé dont les deux éléments seraient joints par un trait d'union n'aurait rien de choquant dans le cadre d'un toilettage intelligent et mesuré de l'orthographe du français... Non, ce qui est plus grave, c'est le non-accord de *réussi* alors que ce mot devait absolument, dans cette construction, prendre la marque du pluriel – comme on le ferait, par exemple, pour *jolis* dans la phrase suivante : *Zazou d'Auteuil est un des plus jolis chevaux de l'écurie de Mme X...* En effet, un participe passé adjectivé est justiciable des mêmes règles qu'un adjectif.

La faute consiste à assimiler *des plus* à une locution adverbiale marquant le superlatif et comparable à *très, exceptionnellement,* etc. On lit donc fréquemment des expressions comme « *C'est un des plus réussi* ». Mais cette graphie est totalement illogique. Une telle phrase en effet évoque un ensemble *pluriel* dont on détache un élément singulier. On écrira sans se poser de question *un des petits,* ou, avec un nom, *un des petits détails.* Au superlatif, il n'y a aucune raison d'écrire autre chose que : *un des plus petits,* ou *un des plus petits détails.*

85 Fraîches écloses et cher payées

Les lotissements à construire sur le pourtour de la zone protégée [au pont du Gard] seront chers payés. (*le Monde,* 5 juillet 1989)

On ne devait pas mettre de *s* à *cher,* car ce mot, dont la fonction habituelle est adjective, est employé ici adverbialement, ce qui le rend invariable. Pour que *cher* restât adjectif, donc variable, il aurait fallu éviter de le faire suivre du participe passé *payés* et s'en tenir à : *les lotissements [...] seront chers.* Dans le mode de phrase usité ci-dessus, on dit que les lotissements sont *cher payés* tout comme on dirait que les dames, sur nos plages, sont *court vêtues* (et non « *courtes vêtues* »).

L'adjectif qui en précède un autre, ou qui accompagne un verbe pour en préciser ou en modifier le sens, est donc traité comme un adverbe et, de ce fait, devient invariable. Il existe une exception à cette règle ; on écrit : *les fenêtres sont grandes ouvertes,* pour dire qu'elles sont ouvertes « en grand », dérogation qui ne se justifie que par l'usage et que certains auteurs ont refusée en préférant écrire : *grand ouverte(s).* Au contraire, d'autres l'ont non seulement adoptée mais étendue à quelques adjectifs tels que *fraîche(s) : des roses fraîches écloses,* ou *fraîches cueillies* (= fraîchement), car l'invariabilité en genre et en nombre aurait contraint à écrire : *frais écloses,* ce qui ne leur convenait pas.

REMARQUES : 1° Tandis qu'on écrit : *ici, les denrées sont chères,* car dans ce cas *cher,* derrière le verbe *être,* est adjectif qualificatif et, de ce fait, s'accorde, on doit à l'inverse écrire : *ici, les denrées coûtent cher,* parce que *cher,* derrière le verbe actif *coûter,* est usité adverbialement, ce qui lui confère l'invariabilité. – 2° Adverbialiser systématiquement des adjectifs peut conduire à des formes que l'on préfère éviter ; par exemple, en reprenant le cas de *fraîche* mentionné ci-dessus, il ne faudra absolument pas déroger à l'invariabilité adverbiale dans une expression comme : *de jeunes étudiantes frais émoulues de l'université,* car *fraîches émoulues* prêterait irrésistiblement à rire ; mais la forme tout à fait correcte *frais émoulues* fera sans doute hésiter, et la sagesse, quand on hésite, peut être de s'abstenir.

86 Quelque deux cents francs pour quelques minutes

Les grandes villes, les cités d'art, les communes touristiques, les lieux célèbres ont été largement décrits par ailleurs, mais les informations concernant chaque commune n'ont jamais été réunies notamment pour les quelques 30 000 d'entre elles qui comptent moins de 1 000 habitants. (4e page de couverture du guide *Hautes-Pyrénées,* édit. Nathan, 1985)

Nous relevons deux négligences dans ce texte. D'abord, d'avoir écrit *d'entre elles,* qui devrait se rapporter à un pluriel, alors que le pronom personnel se rapporte ici à *chaque commune* qui est un singulier ; il eût fallu écrire *chacune des communes* afin de pouvoir écrire ensuite : *d'entre elles,* sinon la disparité du nombre ôte à la phrase sa cohérence. Ce genre d'accident est fréquent ; ainsi, dans un quotidien parisien du 25 septembre 1989, on lisait :

Chaque ruine, dont beaucoup n'ont plus de toit...

Alors qu'il eût fallu écrire : *Chacune des ruines, dont beaucoup...,* ou encore : *Chaque ruine, généralement privée de toit,* selon qu'on optât pour le pluriel ou pour le singulier.

L'autre négligence concerne l'orthographe de *quelques.* Dans *quelque trente mille, quelque* est un adverbe invariable, signifiant « environ ». On doit écrire : *les QUELQUES communes de mon canton* (où *quelques* est adjectif, donc variable, avec le sens de « peu nombreuses »), mais : *les QUELQUE vingt communes de mon canton* (où *quelque* est invariable parce qu'adverbe, avec le sens de : « à peu près »). Ces deux *quelque* sont deux mots différents, qui présentent l'inconvénient d'être homonymes.

Autre exemple :
... des intellectuels et des artistes : Jean d'Ormesson, Françoise Sagan, Catherine Deneuve, Hervé Bazin [...] et quelques 1 700 autres invités... (*France-Soir,* 3 juillet 1989)

Là encore il ne s'agit pas de l'adjectif indéfini – comme lorsqu'on dit : *quelques individus, quelques pièces de monnaie* – mais de l'adverbe, nécessairement invariable. Et pourquoi pas adjectif ? demandera-t-on : on dit bien *quelques invités, au nombre d'une dizaine.* Parce que l'adjectif *quelque,* impliquant forcément un nombre approximatif et une quantité non exactement dénombrée, entre en contradiction avec tout adjectif numéral. Devant un nombre, *quelque* sera donc toujours adverbe.

Vous venez d'en recevoir un [un produit de toilette], essayez-le tout de suite et faites-nous part de vos impressions après l'avoir essayé pendant quelques temps. (extrait d'un texte publicitaire)

Ici *quelque* est adjectif, donc s'accorde... avec *temps,* ce qui implique que le *s* final est de trop. Dans d'autres contextes, *quelques temps* serait parfaitement correct : *il y a eu quelques temps morts dans ce match.* Car *temps* est ici au pluriel. Mais, dans le texte publicitaire, *temps* est au singulier (bien que la graphie ne fasse aucune différence) : on dit *pendant un certain temps,* et non « *pendant certains temps* » ; *pendant ce temps* et non « *pendant ces temps* ». Accordé avec le singulier *temps,* l'adjectif *quelque* doit être au singulier.

87 Les bouteilles, on les bouche !

Quand le vin est tiré il faut le mettre en bouteilles et la fermer hermétiquement au moyen d'une bouchonneuse. (dans un quotidien parisien du soir, le 15 novembre 1989)

Il faudrait aussi ouvrir l'esprit et l'œil du rédacteur de cette phrase. Comment pourrait-il justifier à

l'analyse ce pronom personnel féminin singulier *la* qui, de toute évidence, ne peut se rapporter qu'à *bouteilles,* substantif féminin pluriel ? Le pluriel de *bouteilles,* lui, est correct : on écrit en effet *mettre en bouteilles, la mise en bouteilles au château ;* mais le singulier de *la* ? Hélas ! dira peut-être l'intéressé, comment devais-je écrire ? S'il n'est pas capable de trouver une formule satisfaisante, c'est qu'il n'est pas fait pour ce métier. On peut supprimer *la,* tout simplement, et laisser le verbe *fermer* au régime absolu. Ou bien écrire : *le mettre en bouteilles et assurer la fermeture hermétique des récipients avec une bouchonneuse* (les mots *des récipients* sont facultatifs, et l'article *la* devant *fermeture* peut être remplacé par *une*). Ou encore... Non, cela suffit : à votre tour, cherchez.

88 Le verbe s'accorde en nombre avec son sujet...

Pour les petits en mal de sensations, la visite des catacombes ou des égouts de Paris sont inévitables. (*France-Soir,* 20 octobre 1989)

Comme dit l'autre : « tout l'monde sont là ! » Naturellement, il convenait d'écrire : *la visite* [...] *est inévitable,* ou alors : *la visite des catacombes ou celle des égouts de Paris sont inévitables,* bien que, là encore, *est inévitable* demeure excellent, sinon préférable.

89 ... même si ce sujet est un pronom relatif

Le couperet d'une télévision qui ne fonctionne plus que par saccades [...] vient de décapiter l'un des hommes qui en est à la fois l'une des figures les plus populaires, un professionnel confirmé, un innovateur en constante recherche de performances. (*France-Soir,* 17 février 1988)

Phrase inanalysable, *hommes* étant le sujet pluriel de *qui en est* (singulier). Il faut dire : ... *vient de*

décapiter un homme qui, parmi d'autres, est à la fois ... ou : *un de ces hommes qui sont à la fois des figures populaires, des professionnels confirmés, des innovateurs ....*

Je sais que c'est l'un des griefs qui lui a été fait par la direction (*France-Soir,* 18 février 1988)

Il faut le pluriel : *qui lui ont été faits.*

90 Aucun obstacle, aucune adversité ne l'arrêtera

Avec l'adjectif aucune *dans le sujet, même s'il est répété, le verbe ne saurait se mettre au pluriel.* (*la République du Centre,* Orléans, 19 décembre 1989, chronique « Les maux de la langue française »)

L'auteur reproduit, et condamne, cet exemple vicieux : « *Dans cette maison, aucune fenêtre, aucune porte ne ferment.* » Il a entièrement raison ; il faut écrire : *ne ferme.* Naturellement, cette règle vaut aussi pour le masculin *aucun.* Thomas (*Dictionnaire des difficultés*) est formel : « Après plusieurs sujets introduits par *aucun,* le verbe reste au singulier : *Aucune mer, aucun pays ne l'attirait spécialement.* » Néanmoins, il faut remarquer que d'éminentes grammaires sont muettes à ce propos. En outre, des auteurs non négligeables ont transgressé cette règle ; ainsi, Pierre Loti, dans *le Mariage de Loti,* a écrit : *Je sentais qu'aucun reproche, aucune supplication ne la toucheraient plus.* Cela, précisons-le, n'entame pas notre position en faveur du singulier.

91 Ni les obstacles ni les adversités ne l'arrêteront

Ni le ciel maussade, ni la chute du franc, ni les soubresauts de la Bourse, ni la fièvre électorale, ni une alerte à la bombe le 5 juin n'ont fait tomber l'intérêt croissant ...

La direction du journal qui a publié cette phrase en son numéro daté des 7-8 juin 1981 a reçu d'un lecteur cette remarque empreinte d'une apparente logique : « S'il y a tous ces *ni,* c'est que *rien* n'a fait tomber la fièvre, et que le verbe, par conséquent, doit être au singulier. » L'argument aurait de la consistance si tous les termes sujets étaient eux-mêmes au singulier ; mais il y en a un au pluriel : *soubresauts ;* cela oblige à mettre le verbe au pluriel, bien qu'il soit précisé que les soubresauts de la Bourse n'ont joué aucun rôle. Lorsque j'écris : *ni les chiens ni les chats n'entrent dans ma cour,* il n'a beau venir dans ma cour aucun matou ni aucun toutou, je suis bien forcé d'accorder le verbe *entrer* au pluriel ! Si tous les termes sujets étaient au singulier, la question serait discutable. Grevisse estime que « l'usage garde à l'égard de cette règle une très large indépendance ».

92 **Le verbe s'accorde en nombre avec son sujet** (bis)

[Cela] ne veut pas dire que la compagnie refuse de vendre aux hypermarchés ; mais il faudra que ce soit désormais à ses couleurs, ce que refuse évidemment les spécialistes de la grande distribution. (dans un quotidien parisien le 12 juillet 1989)

Dans la proposition relative introduite par *ce que,* le verbe, comme tout verbe en toute circonstance, devait s'accorder avec son sujet, c'est-à-dire au pluriel puisque ce sujet est le substantif *spécialistes.* Après inversion du sujet, la séquence *ce que les spécialistes de la grande distribution refusent* devient : *ce que refusent les spécialistes de la grande distribution,* le verbe restant au pluriel.

93 **Le verbe s'accorde en nombre avec son sujet** (ter)

Un peu de galère ne peut que contribuer à les rendre résistants [les jeunes animateurs de la télévision] aux ravages inattendus que causent dans les âmes fragiles la soudaine estime d'une concierge jusqu'alors murée dans la réticence revêche. (*le Canard enchaîné,* 1er août 1990)

À force de multiplier dans sa phrase les éléments pluriels : *les [animateurs], les ravages, les âmes,* le talentueux et très allègre chroniqueur, écrivain renommé d'autre part, a accordé au pluriel le verbe *causer,* conjugué au présent de l'indicatif : « *que causent...* », alors que l'unique sujet du verbe, le substantif féminin *estime,* est au singulier ! Il fallait, bien entendu : *que cause dans les âmes fragiles la soudaine estime,* etc. C'est un des méchants tours que joue l'inversion du sujet quand on n'y prend pas garde.

94 Mais quel est le sujet ?

C'est le plus souvent autour d'un journal que se développeront ce qu'on appelle les mouvements de résistance. (dans une série d'articles sur les débuts de l'Occupation, 31 août 1989)

Il y a là une faute d'accord dans la conjugaison : le verbe *(se) développer* ne devait pas être mis au pluriel ; il n'a pas pour sujet *mouvements de résistance,* qui est ici attribut du pronom *qu',* mais le pronom démonstratif *ce,* lequel implique l'accord au singulier. Le sujet complet est, en réalité, la proposition *ce qu'on appelle [...].* Il fallait donc écrire : *que se développera ce qu'on appelle les mouvements de résistance.*

NOTE : Quand il n'est pas suivi de *que,* le pronom *ce* peut régir un verbe au pluriel : *ce sont.*

Il y a lieu de considérer avec indulgence la faute signalée ci-dessus, car la tentation est grande, souvent, d'accorder, en pareil cas, avec un substantif concret plutôt qu'avec un pronom figé dans une locution. En voici un exemple, où ce n'est pas un verbe mais un adjectif que le rédacteur a accordé :
Plus maladroite, en revanche, est ce que les diplomates appellent la légitimation [...] du droit d'ingérence. (*le Canard enchaîné,* 10 janvier 1990)

Le rédacteur a accordé au féminin avec *légitimation,* qui est le mot clef de la phrase bien plus que ce pronom *ce* qui n'a qu'un rôle de figurant.

95 Réponse : le sujet n'est pas le complément

En quoi consiste ces nouveaux médicaments [les patches, plaquettes transdermiques autocollantes] et comment agissent-ils ? (*Femme d'aujourd'hui,* 14-20 août 1989)

Non, le sujet n'est pas *quoi* : dans cette phrase interrogative, ce pronom interrogatif est tout au plus un complément d'objet indirect. Le sujet est le nom masculin pluriel *médicaments,* placé en inversion à cause de la forme interrogative (de même que le pronom personnel *ils,* sujet pluriel du verbe *agir,* dans la seconde proposition). Il fallait donc écrire : *En quoi consistent* (3e personne du pluriel) *ces nouveaux médicaments* ... L'inversion ne modifie en rien la nature et la fonction des termes.

96 Une quinzaine ne mord pas

Une septuagénaire a été attaquée et gravement mordue par une quinzaine de chiens qu'elle avait recueillie dans son pavillon. (phrase relevée le 18 août 1989 dans le quotidien matutino-vespéral où, bien des fois pour le présent travail, nous avons butiné)

Nous contestons l'accord du participe passé *recueillie* avec le substantif féminin singulier *quinzaine.* D'abord parce qu'on ne recueille pas une quinzaine ; en effet, ce mot n'exprime rien d'autre qu'un nombre ; c'est seulement quand il n'a pas de complément, celui-ci étant supprimé pour ellipse, qu'il peut gouverner un accord (exemple : *la quinzaine [= de jours] s'est passée sans incident*). Ensuite, il est probable que la victime de cette agression canine n'avait pas recueilli cette « quinzaine de chiens » en

une seule meute déjà constituée, et qu'elle les avait hébergés un à un, à mesure qu'elle les avait trouvés errants ; en effet, le titre de l'article indiquait bien : « Attaquée par *ses* quinze chiens » ; il ne s'agissait donc pas d'une troupe de chiens courants qu'un chenil lui aurait confiée (ici, nous sommes fondés à accorder *confiée* avec *troupe*). Dans l'article en question, il fallait accorder *recueilli* avec *chiens,* tout comme si, au lieu de : *une quinzaine,* il y eût eu plus précisément *quinze ;* soit : ... *une quinzaine de chiens qu'elle avait recueillis dans son pavillon.* La généralisation de l'invariabilité du participe passé signifierait la suppression d'une nuance de ce genre dans la construction du français.

97 La plupart l'écrivent ainsi

La plupart des bâtiments existants tombera sous les pelleteuses. (*France-Soir,* 7 nov. 1989)

La bonne règle est d'accorder au pluriel ; il fallait écrire : *La plupart des bâtiments existants tomberont.*

Il en va de même quand *la plupart* n'a pas de complément : *Parmi ces gens, la plupart sont très riches* (et non « *est très riche* ») ; *Ces hommes m'étonneront toujours, la plupart se croient tout permis* (et non : « *se croit* »). Le seul cas où l'accord se fasse au singulier, c'est lorsque le complément est lui-même au singulier : *La plupart de l'assistance applaudit ;* mais cette forme, autrefois très courante, est à peu près abandonnée de nos jours, sauf dans l'expression *la plupart du temps.*

L'accord du verbe au singulier quand un pluriel est sous-entendu produit un effet grotesque ; dans le même journal, à la date du lendemain, on a pu lire :

Beaucoup l'avait cru.

Accorder ici le verbe avec *beaucoup* considéré comme un sujet au singulier est une aberration, ou disons une erreur contraire à l'esprit même de la langue. Il fallait écrire : *Beaucoup* [sous-entendu *de gens*] *l'avaient cru.* Une question qui n'est et ne sera jamais tout à fait résolue, c'est celle de l'accord du verbe quand le sujet est un collectif suivi de son complément : doit-on accorder avec celui-ci ou avec celui-là ? En fait, Grevisse, dans *le Bon Usage,* règle cette question avec sa logique habituelle, en tenant compte de la souplesse de la langue française, qui souvent place dans les accords de cette sorte ses nuances et sa clarté. Pour lui, le verbe, en pareil cas, « s'accorde avec celui des deux mots qui, selon le sens ou l'intention, frappe le plus l'esprit », et, bien entendu, « s'accorde avec le complément si l'on a en vue la *pluralité* des êtres ou des objets dont il s'agit, considérés *individuellement* ». Il va de soi que, si le premier mot exprime ou suggère une quantité dénombrable et supérieure à l'unité, le verbe s'accordera plus généralement au pluriel ; le choix entre les deux mots s'imposera surtout si la définition du premier mot est vague ou floue. Grevisse multiplie les exemples puisés dans la littérature ; leur diversité montre quelle faculté est laissée à chacun de régler chaque cas conformément à sa pensée, et là on ne peut que rappeler Boileau : « Ce que l'on conçoit bien s'énonce clairement. » Pour notre part, nous avons relevé çà et là des phrases dont les auteurs ont résolu à leur manière la question de l'accord ; en voici quelques-unes, que nous avons cru pouvoir assortir de commentaires dont nous ne prétendons pas que l'argumentation soit sans réplique :

66 % du marché des mémoires [électroniques] va dans les ordinateurs. (*le Monde Affaires,* 4 février 1989)

Notre avis est que l'accord au singulier avec le complément, alors que le sujet est si manifestement chiffré, constitue une hardiesse. En effet, on peut assimiler *66 %* à une expression comme *les trois cinquièmes* ou *les deux tiers,* pour laquelle, selon nous, mieux vaut opter en faveur du pluriel, comme on le fait pour *la plupart.* Mais on ne saurait dire qu'il y ait faute. Noter que les correcteurs ont volontiers tendance, en pareil cas, à rectifier ainsi : *Pour 66 %, le marché [...] va aux ordinateurs ;* de la sorte, le singulier est irréprochable, la difficulté ayant été tournée par une astuce.

L'essentiel de la production est consacrée aux appareils à gaz dont Chaffoteaux fournit 20 % du marché français. (même revue, même date)

L'accord au féminin avec le complément nous semble audacieux, sinon erroné. L'importance du mot sujet *essentiel* ferait préférer un accord avec celui-ci, donc au masculin.

Seule une dizaine de personnes étaient au courant. (*France-Soir,* 24 décembre 1989)

L'accord du verbe au pluriel est incontestable : le substantif féminin *dizaine* est assimilable, en l'espèce, à un adjectif numéral (*dix*), qui se rapporterait à *personnes,* véritable sujet du verbe. En revanche, il était nécessaire d'accorder aussi au pluriel l'adjectif qualificatif *seule(s) ;* il fallait écrire : *Seules, une dizaine de personnes étaient au courant.* Adjectif et verbe ne sauraient avoir un sort et un traitement différents. Cela dit, il peut arriver que l'accord au singulier soit désirable avec un mot comme *dizaine* suivi d'un complément ; exemple : *la dizaine de joueurs qui fut opposée à la nôtre triompha ; cette vingtaine de jours a été meilleure que la précédente ;* l'idée qui prédomine est toujours celle qui régit l'accord.

L'ensemble de la salle d'exposition a été traitée comme la surface. (Yves Coppens, *Pré-ambules,* IV, p. 232 ; éd. Odile Jacob, Paris 1988).

Le savant paléoanthropologiste avait sans doute ses raisons d'accorder son participe passé avec le complément *salle* plutôt qu'avec le mot *ensemble,* sujet analytique du verbe. Cependant, l'usage est de faire l'accord avec les mots *ensemble, totalité, partie,* et non avec leurs compléments.

... ce genre de fantaisie étant strictement réservée aux prélats drapés de pourpre cardinalice... (*le Canard enchaîné,* 6 décembre 1989)

Comme dans le cas précédent, l'accord usuel eût été avec *genre,* donc au masculin, non au féminin avec *fantaisie ;* mais il n'y a, cette fois, aucune notion de quantité, de nombre, etc., dans le mot *genre,* qui est exclusivement qualitatif. L'auteur a pensé non pas *ce genre de fantaisie,* mais : *une fantaisie de ce genre,* ce qui l'amenait nécessairement à un accord au féminin.

Deux bandes de dealers se sont affrontés. (*France-Soir,* 17 novembre 1989)

Le fait que ces *dealers* formaient des *bandes* ôte à leur affrontement tout caractère individuel ; l'accord au masculin avec *dealers* est donc difficile à justifier. Il fallait écrire : *Deux bandes [...] se sont affrontées.*

À Paris, 5 tonnes de « H » [haschisch] *ont été découvertes dans un entrepôt spécialement aménagé [...].*

Tandis qu'un groupe d'inspecteurs interceptait un camion [...], leurs collègues donnaient l'assaut au local. (*France-Soir,* 4 décembre 1989)

Accord normal du participe passé *découvertes,* au féminin pluriel, avec *tonnes,* puisqu'il s'agit d'une quantité ; un accord avec *H* serait absolument insolite et incorrect parce que *H* est un singulier. S'il s'était agi d'une masse d'objets distincts les uns des autres, le nom eût été au pluriel et l'accord aussi (voir plus loin). Quant au second accord, celui de *interceptait,* au singulier, avec *groupe* plutôt qu'avec *inspecteurs,* c'est-à-dire avec le collectif singulier et non avec le complément pluriel, lui aussi est correct, et il est défendable du moment que les inspecteurs formaient réellement un *groupe.*

Un sillage de senteurs émouvantes et troublantes où s'harmonisent en un accord parfait, une composition très subtile de notes à la fois fleuries, épicées et vanillées... (extrait d'un texte publicitaire diffusé par Yves Rocher, parfumeur, 1989)

L'auteur du texte a perçu le mot *composition* comme une expression quantitative et a, de ce fait, préféré accorder le verbe *harmoniser* avec le complément pluriel *notes,* lui-même suivi de plusieurs adjectifs obligatoirement accordés au féminin pluriel. Et, en parlant d'*accord parfait* dans son sirupeux « topo », il semble avoir lancé à la grammaire un clin d'œil chargé de malice et d'humour ! – Noter cependant une faute de ponctuation : il ne fallait pas de virgule après *parfait,* à moins d'en mettre une après *s'harmonisent* et de créer ainsi une incise qui n'eût pas été malvenue.

Les grands écrivains ne se font pas faute de jouer subtilement sur les accords. Témoin Pierre Loti dans cette phrase du *Mariage de Loti* : *Une colonie de petites hirondelles grises avait, à l'intérieur [de la grotte], tapissé de leurs nids les parois du rocher.* L'auteur a accordé le verbe au singulier avec le sujet *colonie,* mais l'adjectif possessif *leur* au pluriel avec hirondelles, complément déterminatif du sujet. Il n'y a pas là d'incorrection, mais il faut quelque sûreté de plume pour s'autoriser ce petit trapèze volant grammatical.

La diversité de l'usage face à ce petit problème nous est confirmée chaque jour dans la presse. Restons-en à *France-Soir,* déjà cité. Le 13 janvier 1990, on y trouve :
2 400 000 visiteurs sont passés par [ici le nom d'une attraction]. *La moitié a consommé « quelque chose ».*

Le rédacteur a choisi d'accorder le verbe avec le singulier *moitié* ; d'autres auraient plutôt accordé au pluriel : *La moitié* [sous-entendu : « des visiteurs »] *ont consommé.* Mais il reste des partisans de l'accord inconditionnel avec le sujet grammatical, témoin l'académicien Jean Dutourd qui, dans le même numéro du même quotidien, en a fourni l'exemple par deux fois : *... comment un quarteron de communistes* [...] *est parvenu à escamoter à son profit un mouvement populaire,* et, plus loin : *... notre divine surprise* [...] *en constatant qu'un si grand nombre de Roumains parlait le français.* Dans ce dernier cas surtout, la tendance actuelle est d'accorder de préférence avec le complément (*un si grand nombre de Roumains parlaient*). C'est ce qu'avait fait le même *France-Soir* pas plus tard que la veille, 12 janvier 1990, en écrivant : *Des tonnes de rapports sont rédigés* [et non *rédigées*] *par les services de sécurité,* ce qui ne saurait choquer personne puisqu'il faudrait bien accorder de la sorte si, au lieu de *Des tonnes,* on avait un nombre déterminé : *Dix rapports,* ou *Cent rapports,* etc. Écrira-t-on : *20 tonnes de melons ont été chargés* ou *chargées à Cavaillon* ? Écrira-t-on : *30 quintaux de carottes sont venus* ou *venues d'Espagne* ? Plus d'un grammairien se tirera d'embarras en disant : « Tout dépend si vous voulez mettre l'accent sur le poids ou sur la marchandise transportée ».

Tout compte fait, nous approuverons quand même la revue *Distance* d'avoir écrit, en son numéro 99 :

S'y ajouteront [et non : *S'y ajoutera*] *un certain nombre de manifestations culturelles.* De même, *le Monde,* dont c'est la doctrine à peu près constante, écrit, dans l'éditorial de son numéro daté du 20 janvier 1990 : ... *un nombre croissant de pays seront* [et non : *sera*] *sans doute tentés par un statut de neutralité à l'autrichienne.* Toutefois, la solution est souvent *ad libitum.*

98 Ce sont des règles qu'il faut connaître

Ce sont sur les"détails" que les hommes s'entretuent. (*le Canard enchaîné,* 13 septembre 1989)

À propos de « détails », il en est un sur lequel nous ne chipoterons pas : le trait d'union que le Petit Larousse et d'autres dictionnaires exigent pour le verbe *s'entre-tuer ;* nous ne compterons pas même un huitième de faute pour cette omission sans importance. En revanche, nous condamnerons fermement la faute de français d'un *ce sont* absolument injustifiable et inanalysable. Il fallait écrire : *C'est sur les"détails" que les hommes s'entre[-]tuent.* En effet, s'il est licite et recommandable d'écrire : *Ce sont les "détails" qui font s'entre-tuer les hommes,* car ici *détails* est directement attribut du verbe *être,* et autorise le pluriel *sont,* tout au contraire il faut écrire : *C'est sur les "détails" que...* parce que *détails,* dans ce cas, est isolé du verbe par la préposition *sur* et n'agit nullement sur lui, dont il n'est point attribut.

Sans doute est-ce un tic chez ce rédacteur, d'ailleurs talentueux et compétent, car, dès le 21 décembre 1988, nous avions relevé la même faute sous sa plume :

Finalement, ce sont chez les « déchets » humains que les déchets industriels essaient [...] de fabriquer de nouveaux déchets.

Là encore, impossible de justifier un *ce sont* qui n'a pas d'attribut pluriel, ni même d'attribut direct. Dans la phrase citée, seul *c'est* eût été correct, puisqu'on voulait dire : *c'est là que...* et que, naturellement, on ne saurait l'exprimer par : *ce sont là que...* Or le membre de phrase *chez les « déchets » humains* joue le même rôle et occupe la même fonction que *là* dans *c'est là que...*

À la fois erreur de conjugaison et tournure vicieuse, cette faute fait malheureusement tache d'huile. Ainsi, dans un entrefilet relatif à l'Ouzbékistan publié par *France-Soir* le 14 novembre 1989, on a pu lire cette phrase mal fichue :

Mais ce ne sont pas seulement sur les Meskhs que les Ouzbeks pointent leurs armes, a souligné l'agence Tass.

Ici encore, il fallait écrire : *ce n'est* et non *ce ne sont.*

REMARQUE : Dans la forme d'expression *Ce sont les "détails" qui font s'entre-tuer les hommes,* il ne serait pas incorrect de remplacer *Ce sont* par : *C'est,* et certains écrivains le préfèrent ; quelques-uns prétendent même que *ce* ne saurait régir un pluriel. Cette position minoritaire se heurte à des exemples contraires très illustres.

99 Elle est perdue parce qu'elle a perdu

[...] qu'une virgule eût sautée, qu'un e *fût dépouillé de son accent, que deux lettres fussent inversées, allez vous y retrouver !* (dans un extrait de roman reproduit par le *Bulletin des correcteurs,* n° 153, novembre 1988)

La faute ne figure peut-être pas dans l'original, l'excellent *Paris porte à porte* de Pierre Cautrat (Julliard, 1957), et il peut très bien s'agir, dans l'organe périodique des correcteurs, d'une de ces coquilles qui s'introduisent dans les meilleurs textes à la faveur d'un changement de dernière minute. Cette faute, trop visible pour que nous y insistions, réside évidemment dans l'accord intempestif *sautée.* Le verbe *sauter,* au participe passé avec l'auxiliaire *avoir,* est usité ici au sens absolu, c'est-à-dire sans complément. Ce cas grammatical exclut toute possibilité d'accord. Il fallait : *qu'une virgule eût sauté* ou, si l'on voulait accorder : *eût été sautée,* car alors le verbe n'est plus usité au sens absolu et, prenant la forme passive, implique l'accord du participe passé.

100 L'inversion du sujet ne change rien à l'accord

C'est selon le chiffre du bénéfice d'exploitation qu'est établi, depuis des années, la « participation » des salariés. (*le Canard enchaîné,* 24 mai 1989)

Il ne peut s'agir, pensons-nous, que d'une coquille, car aucun rédacteur de l'estimable organe satirique du mercredi n'ignore, à notre avis, que l'inversion du verbe et du sujet ne saurait dispenser celui-là de s'accorder avec celui-ci. En conséquence, le participe passé *établi* doit prendre un *e* final, c'est-à-dire s'accorder au féminin avec le sujet *participation,* bien que ce dernier soit placé une longueur derrière le verbe qu'il gouverne. Sans l'inversion, la phrase serait : *...que la « participation » des salariés est établie depuis des années.*

Il est vrai que ce type de coquille est provoqué par la pression qu'exerce le genre du nom le plus proche, ou par une confusion inconsciente avec des tours comme *il est établi une liste des candidats...* Le phénomène se vérifie avec l'exemple suivant :

Du discours de Bush sur la drogue était resté l'image – spectaculaire – du président sortant d'un tiroir du bureau ovale un sac de crack (*Libération,* 23 septembre 1989, cité par *le Canard enchaîné* du 27)

L'inversion du sujet n'autorise toujours pas l'invariabilité du participe *resté* ; il fallait accorder celui-ci avec *image,* car c'est l'image qui était *restée* (qui subsistait, qui ressortait) du discours de M. Bush. Pour ne pas accorder *resté,* il aurait fallu employer la forme impersonnelle en ajoutant pour cela le pronom *il,* ce qui eût donné : *Du discours de Bush sur la drogue il était resté l'image...* Ce qui, à un mot près, constitue une autre manière de s'exprimer.

L'inversion du participe passé, placé devant le sujet et non derrière, nous procure encore ces deux beaux échantillons d'accord manqué :

Pris [il fallait : *Prises*] *en otage du conflit, les chaînes de télévision publiques risquent d'être les premières victimes de ces sombres manœuvres.* (*le Monde,* 23 janvier 1990).

Promis [il fallait : *Promise*] *par Toubon depuis deux ans et demi, la construction, dans le XIII*[e] *[arrondissement de Paris], d'un super-stade d'athlétisme à la place du vieux Charléty tarde à venir.* (*le Canard enchaîné,* 24 janvier 1990)

Dans ces deux exemples, le participe passé est employé absolument, sans accompagnement d'un auxiliaire l'intégrant à un temps composé ; il s'accorde donc en genre et en nombre, quelle que soit la place qu'il occupe dans la phrase, avec le substantif auquel il se rapporte.

L'oubli de l'accord ne se produit pas seulement pour le participe passé ; à d'autres temps, la même

négligence guette le rédacteur. Exemple dans *France-Soir,* rubrique théâtrale, 16 janvier 1990 :
Tout est possible dans ce spectacle. Il est celui du non-dit, celui où se dessine entre les lignes, les mouvements de chaque personnage.

Pourquoi *dessine* au singulier ? Parce que le rédacteur, quand il a écrit ce verbe, ne savait pas encore que, dans l'inversion, il emploierait, quatre mots plus loin, un sujet au pluriel ! Et comme les journalistes n'ont plus le temps de se relire... Signalons en outre, après *lignes,* une virgule à détruire.

101 Ces accords que nous avons tant étudiés

Ce document cruel récapitule les événements que la direction de la rédaction n'a pas jugé dignes d'un reportage. (*le Canard enchaîné,* 21 juin 1989)

Il y a faute : le participe passé *jugé* est placé *après* son complément direct *que* (= les événements), qui est pluriel ; il doit donc s'accorder et prendre un *s* final : *les événements que [...] n'a pas jugés dignes...* Le rédacteur a peut-être senti la présence virtuelle du verbe *être* sous-entendu entre *jugé(s)* et *dignes : les événements que la direction* [...] *n'a pas jugé être dignes d'un reportage.* Cette phrase-ci est correcte et correctement écrite ; ici, *jugé* doit rester invariable puisqu'il est suivi d'un infinitif.

102 Excepté, sauf, vu, étant donné

Vue l'indépendance de la justice, [...] il ne saurait y avoir le moindre rapport avec la personnalité du prévenu. (*le Canard enchaîné,* 16 novembre 1988)

Cette faute nous offre l'occasion de redire une règle généralement connue : *vu,* participe passé du verbe *voir,* est considéré comme employé adverbialement, donc invariable, chaque fois qu'il est placé en tête de phrase ou de proposition avec le sens de : « étant donné » (mais voir ci-après), « par suite de », « en vertu de », « en raison de ». Par exemple : *Vu les conventions signées par les contractants ; Vu les articles 9, 16 et 18 du décret du 23 septembre 1900 ;*

Vu la nécessité de garantir ce risque, etc. Même invariabilité devant une signature : *Vu les témoins ; Vu et approuvé les conditions susmentionnées* (dans ce dernier exemple, l'invariabilité de *vu* entraîne celle de *approuvé*). Il fallait donc, dans l'extrait de journal cité : *Vu l'indépendance de la justice.*

Au contraire, *vu* est variable à l'instar de n'importe quel participe passé, que ce soit ou non en début de phrase ou de proposition, s'il veut dire : « aperçu », « embrassé par le regard », « considéré », etc. Ainsi, l'on écrira : *Vue de haut, cette ville ressemble à un damier ; Vue de cette façon, votre idée m'a paru plus acceptable.*

Voici un cas non assimilable mais comparable au précédent :
Il s'étonne [...] qu'exceptés les films de Pierre Schoendorffer (la 317e Section) la guerre d'Indochine (ou d'Algérie) soit passée sous silence. (*Arts-Spectacles,* 31 août 1989)

Une convention grammatico-orthographique énonce que l'on considère *excepté* comme employé adverbialement, donc invariable, quand il *précède* le ou les substantifs à quoi il se rapporte (ici, le nom *films,* masculin pluriel). Il ne fallait donc pas mettre de *s* final. On écrit : *Toutes les nations étaient représentées, excepté l'Afrique du Sud.* Au contraire, le mot s'accorde comme un adjectif ordinaire ou un participe passé s'il vient *après* le ou les mots à quoi il se rapporte : *J'ai visité toute l'Amérique du Sud, la Bolivie et l'Argentine exceptées.*

NOTE : Comparer le cas à celui du mot *sauf,* variable comme adjectif *(avoir la vie sauve),* invariable en tant que préposition *(j'ai visité toute l'Europe, sauf l'Albanie).*

Reconnaissons à ceux qui contreviennent à ces règles grammaticales une logique supérieure à celle dont tente de faire preuve notre orthographe. Une indulgence raisonnable s'impose quand on sait que, si *vu* et *excepté* sont invariables (le second cessant de l'être s'il passe après le nom), *étant donné* ne l'est pas – ou l'est ! Il est en effet aussi correct d'écrire *étant donnée la situation* qu'*étant donné la situation.*

103 J'ai fait mienne cette idée ; oui, je l'ai faite mienne

En fait, l'idée n'est pas si nouvelle. [...] Si le chef du gouvernement [israélien] l'a fait sienne, n'est-ce pas surtout parce qu'il est convaincu [...] qu'elle n'a pas d'avenir ? (éditorial du *Monde,* 8 avril 1989)

Il n'y avait aucune raison pour ne pas accorder le participe passé *fait(e).* Le complément du verbe *a fait* n'est pas *sienne.* Si tel était le cas, le participe *fait* ne s'accorderait pas, puisqu'il précéderait le complément. Mais *sienne* n'est qu'un attribut, et le complément est *l',* placé avant le participe. Il faut donc accorder et écrire *l'a faite sienne,* puisque ce pronom *l',* représentant le féminin *idée,* est féminin lui aussi.

REMARQUE : Cette faute est fréquente, surtout avec le verbe *croire* au participe passé. Beaucoup de gens, même des professionnels, écriront : *ils se sont cru trahis,* parce qu'ils ont dans l'esprit la phrase : *ils ont cru qu'ils étaient trahis,* ou : *ils ont cru être trahis,* formulations dans lesquelles, effectivement, *cru* demeure invariable. En réalité, il faut écrire : *ils se sont crus trahis.*

Dans cette phrase, il y a un verbe, *croire,* un sujet, *ils,* un complément d'objet direct, *se,* et un attribut du complément d'objet direct, *trahis.* La bonne vieille règle de l'accord du participe passé doit être appliquée sans états d'âme : lorsque le verbe est à un temps composé, si le complément d'objet direct est placé avant le participe, celui-ci s'accorde avec ce complément. *Se,* qui désigne exactement ce que désigne *ils,* est donc masculin pluriel : *crus* sera lui aussi masculin pluriel.

104 Elle s'est moquée de moi et s'est servi un verre

Nous avons été victimes d'une manipulation, ils se sont servi de notre naïveté. (*France-Soir,* 23 août 1989)

Il fallait absolument écrire : *ils se sont servis de notre naïveté.* Cette faute est relativement fréquente et tient à la particularité de ces verbes pronominaux aptes à recevoir un complément d'objet indirect qui est en fait le véritable complément d'objet (alors que le pronom complément d'objet direct n'est qu'un outil grammatical) : *se servir de, se moquer de, se souvenir de,* etc. L'accord ne pose pas de problème dans *ils se sont amusés, elle s'est blessée,* etc. En effet, le scripteur a quelque part dans l'esprit l'idée qu'ils sont amusés, qu'elle est blessée. Mais quand on doit écrire *ils se sont servis,* peut-on penser qu'ils sont servis ? Peut-on imaginer que des gens sont souvenus ? que des moqueurs sont moqués ? Pourtant, la règle est la règle : un participe passé commandé par l'auxiliaire *être* s'accorde avec le sujet. Donc, *ils se sont servis de, ils se sont moqués de, ils se sont souvenus de.*

Mais les exceptions sont les exceptions. Tout se complique lorsque le verbe commande un infinitif ou possède un complément d'objet direct placé après le participe. Pour le premier cas, nous renvoyons à la p. 133. Pour le second, nous invitons à comparer.

Ils se sont servis de verres à porto.

Ils se sont servi des verres de porto.

Dans la deuxième phrase, le complément d'objet direct est placé après le participe (Ils se sont servi quoi ? Des verres de porto). Il n'y a donc pas d'accord.

Nous n'avons pas mieux à offrir – excepté pour les privilégiés qui se sont payés un abri personnel et une tenue très chic anti-choc de chez Scorpios, le bon faiseur. (phrase relevée dans un hebdomadaire satirique daté du 7 mai 1986)

Enfin, à l'automne, ils se sont offerts un véritable bijou. (lu dans un périodique, 22 mars 1989)

Les patrons se sont découvertes une foule de bonnes raisons pour investir dans le passé. (*le Monde Affaires,* 24 octobre 1988, page 10)

Trois expressions, entre mille, d'une faute classique qui atteint cependant, dans le troisième exemple, sa limite, du moins l'espérons-nous. La règle est simple et parfaitement logique. Dans toute formule commençant par *il s'est..., ils se sont..., elle s'est..., je me suis..., nous nous sommes...* etc., ou bien le second pronom personnel est complément d'objet direct du verbe exprimé par le participe qui suit immédiatement, ou bien il ne l'est pas.

Il est complément d'objet direct dans *il s'est tué, nous nous sommes reconnu(e)s, je me suis vu(e) dans le miroir.* Il a tué qui ? Lui ! Nous avons reconnu qui ? Nous ! J'ai vu qui ? Moi !

Il n'est pas complément d'objet direct dans *il s'est*

fait mal, nous nous sommes donné rendez-vous, je me suis rappelé cette histoire. Il a fait mal *à* qui ? *A* lui. Nous avons donné rendez-vous *à* qui ? *A* nous. J'ai rappelé cette histoire *à* qui ? *A* moi. Soit, *rappeler quelque chose à quelqu'un* et *se rappeler quelque chose* sont deux actes assez différents, mais n'importe : dans *je me rappelle une histoire,* le complément d'objet direct n'est pas *me,* mais *histoire.*

Or, quand le second pronom personnel est objet direct, le participe s'accorde avec lui : *elle s'est donnée à lui, je me suis reconnue sur cette photographie* (c'est une dame qui parle), *vous vous êtes faits vous-mêmes.* S'il n'est pas objet direct, il n'y a pas d'accord : *elle s'est donné bien de la peine ; je me suis reconnu certaines qualités* (même si c'est toujours la dame qui parle), *vous vous êtes fait du souci.*

Ce n'est pas plus compliqué que cela. C'est sans doute pour avoir cru à une complication extrême que le rédacteur de la troisième phrase a franchi un palier supplémentaire dans la faute. La faute banale aurait été l'accord avec *se* : « *les patrons se sont découverts une foule...* » Mais la démarche a été plus subtile. Pas d'accord avec *se,* qui n'est pas complément d'objet direct. Bien ! Mais accord avec le complément d'objet, et même avec le complément du complément d'objet. Mal ! Car le participe passé ne s'accorde avec le complément d'objet que lorsque celui-ci le précède. C'est ce qui se passe dans cette formulation correcte : *les bonnes raisons que les patrons se sont découvertes.*

En vertu de ce qui précède, on écrira donc :

qui se sont payé un abri ;

ils se sont offert un véritable bijou ;

les patrons se sont découvert une foule de bonnes raisons.

Rappelons enfin l'invariabilité obligatoire du participe passé de certains verbes exclusivement intransitifs : *ils se sont plu, elles se sont succédé,* etc., ces verbes ne pouvant avoir de complément direct.

105 Ils se sont laissés aller, mais ils ne se sont pas laissé faire

Ces gens – [de] jeunes étudiants, mais aussi des personnes d'âge mûr – ne se sont pas laissés impressionner par la campagne anti-américaine. (*le Monde,* 17 juin 1989)

La faute est classique, et pourtant la règle est formelle : *laissé,* dans un emploi pronominal, quand il est suivi d'un infinitif, reste invariable si ce dernier exprime une action accomplie par d'autres que le sujet du verbe, mais, au contraire, s'accorde normalement si c'est ledit sujet qui accomplit l'action.

Exemple : *Charles et Raymonde se sont laissés glisser sur la pente ;* l'infinitif *glisser* exprime une action accomplie par Charles et Raymonde, sujets de la phrase ; par conséquent, *laissés* prend la marque du pluriel. Mais on n'accordera pas ce participe passé dans : *nos ennemis se sont laissé vaincre sans résistance,* ni dans la citation reproduite ci-dessus : *ces*

gens ne se sont pas laissé impressionner, parce que *vaincre* et *impressionner* ne peuvent être attribués à *nos ennemis* non plus qu'à *ces gens,* sujets des phrases considérées ; en effet, ce sont eux qui furent vaincus, eux qui risquaient d'être impressionnés. Qui a vaincu ? Ce ne sont pas nos ennemis. Qui a impressionné ? Ce ne sont pas ces gens.

Donc *laissé* ne s'accorde pas. Qui a glissé ? Charles et Raymonde. Donc *laissés* s'accorde.

REMARQUES :

1) Il y a toujours accord pour *s'être laissé aller,* conformément à l'analyse et au sens : *ces aventurières se sont laissées aller à de tristes extrémités.*

2) Il n'y a jamais accord pour *s'être laissé faire,* pour la même raison : *capturés par surprise, ils se sont laissé faire.*

3) La règle est la même quand le participe de *laisser* est accompagné de l'auxiliaire *avoir. Je les ai laissé insulter.* Qui a insulté ? Ce ne sont pas eux ; donc, pas d'accord. *Je les ai laissés dormir.* Qui a dormi ? Ce sont eux ; donc accord.

4) La règle est encore la même avec d'autres verbes que *laisser,* comme *voir, entendre, sentir,* etc. : *elles se sont entendu traiter de tous les noms ; elle s'est sentie défaillir ; je les ai vu emmener ; je les ai vues venir.*

5) En revanche, le participe de *faire* suivi d'un infinitif ne s'accorde jamais : *je les ai fait partir ; je les ai fait expulser.*

6) Des règles aussi subtiles ne peuvent qu'entraîner de fréquentes fautes. Les meilleurs écrivains en ont commis, en commettent et en commettront. Un minimum d'indulgence, en attendant le laisser-faire de la réforme, est donc acquis au bénéfice des malheureux contrevenants. Il ne serait pas sain, toutefois, de prendre le parti de négliger ces usages. Ils permettent en effet d'éviter les ambiguïtés : *vous les avez laissés vaincre* signifie qu'ils sont vainqueurs ; *vous les avez laissé vaincre* signifie qu'ils sont vaincus.

106 Eux, vous et moi sommes tous frères

L'attitude que vous et beaucoup d'autres me décrivent est celle d'un juge, et non d'un bon docteur. (sous la plume d'une publiciste très connue qui tient le courrier des lectrices dans un quotidien parisien, 3 octobre 1989)

Aurait-on, chez les meilleurs journalistes, désappris à accorder les verbes ? Il faut donc rappeler la règle, telle que l'énonce Grevisse : « Le verbe qui a plusieurs sujets se met au pluriel. Si les sujets ne sont pas de la même personne, le verbe s'accorde avec la personne qui a la priorité ; la 1re personne l'emporte sur les deux autres, et la 2e sur la 3e. » Ce n'est pas d'une complication extrême. Ainsi l'on dira : *Toi et moi irons à Paris* (*toi* = tu, 2e personne ; *moi* = je, 1re personne ; celle-ci a la priorité, donc le verbe s'accorde à la 1re personne du pluriel) ; et : *Les artistes et toi ne sympathisez guère* (*toi* = tu, 2e personne, l'emporte sur *les artistes* = ils, 3e personne ; donc le verbe s'accorde à la 2e personne du pluriel). Le texte de notre chroniqueuse aurait été correct si elle avait écrit : *L'attitude que vous et beaucoup d'autres me* DÉCRIVEZ *est celle d'un juge.* En effet, *vous,* 2e personne, l'emporte sur *beaucoup d'autres* = ils, 3e personne, et c'est avec le pronom *vous* que le verbe doit s'accorder.

Qu'on ne croie pas qu'il s'agisse là d'un simple accident typographique ; dans le même numéro du même journal, à quatre pages de distance, nous relevons deux autres cas de non-accord du verbe :

Ceux que Darwin avaient chassés.

L'ancien village de pêcheurs [...] occupé à grand renfort de soldats chiliens depuis 1953 pour assurer une présence face au vieil ennemi argentin qui se disputent ces terres volées aux Indiens...

Le rédacteur de la première de ces deux phrases a sans doute pensé que, le participe devant s'accorder au pluriel avec le complément d'objet direct *que,* placé devant, l'auxiliaire *avoir* devait connaître le même traitement. Eh bien non ! Ce n'est pas encore cette fois que l'on trouvera un verbe autorisé à ne pas s'accorder en nombre avec son sujet. Il s'agit donc de *ceux que Darwin avait chassés.*

La seconde de ces phrases est un véritable pataquès : *qui,* ayant pour antécédent *ennemi* au singulier, est un singulier. Le verbe *disputer,* dont il est le sujet, devrait donc être au singulier. Ce qui est vraiment singulier, c'est le pronom *se.* Même un ennemi, fût-il argentin, ne peut se disputer à lui-même la possession de quoi que ce soit. Pour autant que l'auteur ait su ce qu'il voulait dire, on corrigera sa formulation en *face au vieil ennemi argentin qui leur dispute ces terres...*

FAITES
A
T. THOMAS

VI. Le sens des mots

Un jour de décembre 1989, nous fûmes témoin de la scène que voici à la bibliothèque municipale du XVIIIe arrondissement de Paris. Un nouvel usager se faisait enregistrer, et un petit dialogue s'établit entre lui et l'aimable employée qui notait son nom et son adresse. Comme elle lui demandait quel métier il faisait, il répondit : « Maintenant, je suis retraité ; avant, j'étais correcteur dans la presse. »

La dame leva les yeux et dit : « Correcteur ? Voilà qui est bien. Justement, j'ai une question à poser, et à laquelle vous devez pouvoir répondre. Comment se fait-il que, depuis quelque temps, il y ait tant de fautes dans les journaux ? Je dis bien : *tant de fautes,* car il y en a beaucoup plus qu'autrefois. Vous en connaissez sans doute la raison. »

Le retraité s'attacha à donner une explication plausible tout en défendant du mieux qu'il pouvait les gens de sa profession. Les rédacteurs, dont la formation littéraire n'est pas toujours du plus haut niveau, commettent plus de fautes de français et d'orthographe que leurs aînés ; il en va de même des sténos ; il en résulte que les correcteurs, déjà considérés par certaines directions comme le poids mort qui ralentit et qui retarde, sont conduits à plus d'indulgence, de *laxisme* comme on dit aujourd'hui. Sans jeter le moindre discrédit sur le métier, on peut même admettre chez eux une perte de qualité par rapport à jadis, au temps où Balzac écrivait qu'il existe à Paris « des correcteurs très savants », où Hugo disait qu'ils « lustrent la plume de cygne du génie ». La preuve en est qu'on relève des coquilles jusque dans leurs bulletins syndicaux !

Dans quelle mesure le correcteur en défaut est-il excusable ? La question mériterait un débat approfondi. La carence réflective du correcteur qui laisse passer une coquille et celle du conducteur de train qui brûle un signal sont de même nature, l'une est simplement moins dangereuse que l'autre. On pardonnera donc plus facilement au correcteur. Mais ce n'était pas des coquilles que la bibliothécaire voulait parler, du moins pas d'elles seulement, pas d'elles surtout : elle visait en priorité les fautes de syntaxe, les erreurs de conjugaison, le galimatias, le massacre de la langue.

Le correcteur était bien forcé de lui donner raison : du point de vue du langage, qualitativement, les journaux de notre époque ont baissé en comparaison de ceux de naguère. Disons-le, ils sont bourrés de fautes. On n'ose plus recommander à un étudiant étranger désireux d'apprendre le français la lecture de nos meilleurs quotidiens. Bien entendu, il serait de la dernière injustice d'incriminer de préférence le correcteur, qui arrive dernier de la chaîne dans la fabrication du journal et ne saurait à lui seul réparer les dommages commis en amont de son intervention : le pauvre ! on le presse, on le harcèle, on lui arrache les épreuves ou la morasse à demi corrigées avant qu'il ait eu le temps de les lire jusqu'au bout. Sans le décharger tout à fait de toute responsabilité (et, par solidarité corporative, il l'eût bien voulu !), le vieux bonhomme en vint à l'accusation attendue :

« Avec la technique actuelle, ce n'est plus possible ! »

Il était, lui, d'un autre temps. Il avait travaillé « à l'époque du plomb », dans le cliquetis des linotypes, et il avait quitté le métier à l'aube de l'ère nouvelle, celle de la photocomposition et de l'informatique. Encore, si ce n'était que cela ! Mais une frénésie concurrentielle, venue des autres corporations, avait gagné la presse, rejetée à l'arrière-plan des médias par la radio et la télévision. « Quand je suis entré au journal au milieu des années 50, nous étions neuf correcteurs et le canard sortait sans une seule coquille ; maintenant, ils sont trente. Voyez le résultat ! »

Visiblement, le brave homme absolvait un peu trop vite le passé ; il semblait avoir oublié les méfaits du plomb : lignes inversées, doublées, manquantes, formes tombées en pâte... Il le comprit sans doute, car il développa aussitôt son nouvel argument, qui, plus convaincant, devait cette fois amnistier ceux de sa profession :

« Vous comprenez, il faut vendre, vendre, vendre ! Le rédacteur qui fignole, le correcteur qui s'amène avec une correction de dernière minute, on n'en veut plus. On les rabroue comme des importuns, des inefficaces, qui risquent de couler la boîte, parce que si les canards arrivent au kiosque un quart d'heure plus tôt il s'en vend quinze mille de plus. Aussi, la hâte, la bousculade, la ruée, le coup de feu, il faut voir ça ! La qualité, zéro, on s'en contrefiche ! À ce prix seulement on atteint le chiffre voulu sur le marché. Du moment que le client s'en contente... »

S'en contente-t-il ? Pour le savoir, nous renvoyons aux statistiques, qui ne sont plus de notre ressort. La dame, quant à elle, n'avait pas l'air d'être ce client-là...

Quoi qu'il en soit, la curiosité et la réaction de cette bibliothécaire révèlent que la question concerne au premier chef la clientèle des journaux, et que les responsables de leur publication devraient réfléchir sur le sujet. Nous ne sommes plus au temps où, voilà une vingtaine d'années, une libraire, apprenant de l'un de nous qu'il était correcteur au *Monde,* ouvrit de grands yeux, et lui dit en toute innocence :

« Correcteur ? Qu'est-ce que vous corrigez ? Les fautes ? Y a pas d'fautes dans les journaux ! »

Anecdotiquement, nous relaterons le cas spécial d'un correcteur belge, aujourd'hui décédé, qui fit carrière à Paris, M. Coërs ; excellent correcteur de français, il travailla une partie de sa vie sur des dictionnaires d'allemand et connaissait, sans la parler, tous les mots de cette langue, leur définition, leurs acceptions diverses. Il corrigeait graphiquement une langue dont l'expression orale lui échappait.

Nous l'admirions, certes, mais, bien entendu, nous ne proposons à personne de suivre son exemple pour le français. Parler et écrire le français sont choses qui doivent aller de pair. Mieux on parle une langue, plus on a de chances de l'écrire comme il faut. Or on la parlera d'autant mieux qu'on en aura acquis plus à fond le vocabulaire, dont la méconnaissance engendre les incorrections et les impropriétés.

Le refus du sens premier des mots, c'est-à-dire le choix délibéré du terme impropre, est une version de la « méprise » verlainienne, une licence poétique, un subterfuge lyrique, une récréation du Parnasse, le jeu d'Ariel. Tout est permis au génie, mais rien non plus n'est interdit à la médiocrité. Si Trissotin veut appeler « armoire » son porte-plume, il n'encourt aucun châtiment, et n'assume que les risques proportionnels à sa responsabilité. Mais les poètes ne font là qu'emboîter le pas au public, qui ne les a pas attendus pour pratiquer ce genre d'amusement. Il y a belle lurette que le *vulgum pecus,* pour dire qu'une boutique est dotée d'un bel approvisionnement, dit qu'elle est *bien achalandée,* alors que ce mot signifie en réalité qu'elle jouit d'une bonne clientèle (car *chaland* = *client*).

De même, l'homme de la rue, et même le Petit Larousse (et même un jour la chose est arrivée au président de la République), utilise le mot *conséquent* pour dire « important », qui n'a jamais été sa véritable acception.

Quant à *formidable,* qui veut dire « redoutable », il sert aujourd'hui à qualifier indifféremment un champion de ski, un tableau de Picasso, un raz de marée, une journée de soleil ou un jambon. Cela est l'œuvre du peuple, et non des poètes, qui de tout temps ont appelé un chat un chat et suivi scrupuleusement les définitions du dictionnaire, en y ajoutant seulement des acceptions figurées, souvent géniales. Pierre Loti, qui écrivait en prose, mais dont toute la prose est poésie, n'a jamais employé l'adjectif

énervant au sens actuel, pourtant usité de son temps (« irritant », « agaçant »), mais exclusivement au sens que ce mot avait déjà au temps de Vaugelas : « qui affaiblit », « qui abat ».

Bien ! Très bien ! Mais à ceux dont on attend une communication claire, nette, et, disons-le, prosaïque, ne peut-on demander d'employer les mots de leur temps (pas du temps d'avant ni du temps d'après), et de ne pas contraindre le lecteur ou l'auditeur à faire, devant tant de formulations flottantes, de périlleuses hypothèses sur le sens des propos tenus ?

107 Des soldes bien venus pour une petite solde

Il convient de louer les journaux et autres publications qui cherchent à intéresser leurs lecteurs aux questions de langue. Même quand ces organes de presse multiplient eux-mêmes les fautes, leurs chroniques sont utiles ; elles servent à maintenir en bon état cet irremplaçable instrument de communication : l'idiome que nous parlons. Parfois, c'est le lecteur lui-même qui réagit, témoin la lettre signée « E. I., Orléans », publiée par *la République du Centre* du 10 janvier 1990, et dont voici un extrait :

« La publicité agressive qui s'étale sur les murs d'Orléans nous offre actuellement deux perles de la plus belle eau. La plus anodine annonce des "soldes géantes" ! Jadis, un gamin moyennement doué du primaire savait que le substantif "soldes" dans ce sens est masculin. On a visiblement changé tout cela. »

Nous ne reproduirons pas la suite de la lettre, qui a trait à la seconde « perle » ; en effet, celle-ci ne concernait pas la langue française et n'aurait pas sa place ici. Bravo pour ce lecteur, et merci au journal qui a tenu compte de sa récrimination ! Il s'agit d'ailleurs d'une faute assez commune ; il y a quelque temps, à Paris, nous avons vu un *Soldes exceptionnelles* triompher dans une vitrine ; il fut toutefois corrigé dans les quarante-huit heures par le commerçant qui l'exhibait, et qu'un protestataire avait sans doute averti !

On écrit en effet : *une solde* de sous-officier, mais : *un solde* de tout compte, et : *les nouveaux soldes* d'été. Ce nom est féminin seulement quand s'y attache une idée de rémunération : *être à la solde de quelqu'un ;* autrement, il est masculin.

Rappelons qu'on dit : *une demi-solde* (pluriel : *demi-soldes,* avec *s* final), au sens de « moitié d'une solde », « solde réduite de moitié » ; mais : *un demi-solde* (invariable, pas de *s* au pluriel), au sens de « militaire ayant servi sous Napoléon Ier et dont la solde fut réduite après la chute de l'Empire ».

108 Les Mémoires qui flanchent

Depuis les Mémoires de Chateaubriand, on a publié celles de [...] et celles de [...] (au Journal de 20 heures, le 28 décembre 1988, sur la deuxième chaîne de télévision)

Grave bévue : *Mémoires,* au sens d'autobiographie, est un substantif *masculin* pluriel. Depuis les *Mémoires* de Chateaubriand, on a publié *ceux* de Céleste Mogador, *ceux* de Henri Rochefort... et beaucoup d'autres, tous très *intéressants* (et non « *intéressantes* », bien entendu !). Le même annonceur a récidivé le lendemain.

L'Instant vient de publier, pour la première fois depuis près d'un siècle et demi, des Mémoires à couper le souffle, celles de Charles-Henri Sanson, profession : bourreau. (*le Canard enchaîné,* 30 novembre 1988)

Relisez-vous, cher chroniqueur pamphlétaire qui écrivez si bien ! Car ce n'est point là de la banale orthographe, mais de la bonne et sélective sémantique...

Elle [Ava Gardner] régnait, inaccessible. Femme-image dont les Mémoires, qui seront publiées en automne... (le Monde, 27 janvier 1990*)*

Il faut croire que le genre masculin de *Mémoires* quand il signifie « autobiographie » est ou bien ignoré, ou bien dérangeant, car nous trouvons régulièrement dans la presse ce mot pluriel assorti du genre féminin. Rappelons donc que *mémoire* est féminin au sens de « faculté de se souvenir », mais masculin quand il signifie « facture détaillée » (*un mémoire de plombier*) ou, au pluriel, le récit d'une existence ou d'une carrière par celui qui l'a vécue. Dans ce dernier sens, le mot prend obligatoirement une initiale majuscule ; il s'imprime guillemeté ou en caractère différent (italique dans le romain ou *vice versa*) si l'ouvrage a effectivement paru ; sans autre marque que la majuscule initiale s'il est demeuré à l'état de manuscrit. Telles sont les bonnes dispositions prises pour assurer la clarté des textes par des gens rompus à leur métier ; hélas ! leur exemple est de moins en moins suivi, et c'est le lecteur qui en pâtit.

Le genre des noms, qui décide de l'accord des adjectifs et du genre des pronoms, est parfois une cause de flottements et de changements. De nombreux noms ont changé de genre. L'article suivant effleure quelques cas modernes encore incertains.

109 Un certain genre d'effluves

Du fétichisme à la nostalgie, il n'y a qu'un pas qui représente souvent un grand bon... dans notre passé. [...] Vous préférez ses effluves naturelles [de la femme]. (lu dans un quotidien parisien du soir qui se vend dès le matin, le 1er août 1989)

La graphie *bon* à la place de *bond* a dû ravir certains partisans de la simplification systématique de l'écriture ! Les deux mots ayant la même prononciation, diront-ils, pourquoi ne pas les orthographier pareillement ? N'est-ce pas le cas en sténographie, où l'on utilise le même signe pour l'un et l'autre ? Laissons là ce débat, et voyons le substantif *effluve*. Il est du genre masculin ; le Petit Robert vous fournira des citations de Proust, de Gide et de Loti probantes à ce sujet, en accord avec l'ensemble des dictionnaires ; il fallait donc écrire : *ses effluves naturels*. Mais le Petit Larousse a fini par entériner une exception : « parfois féminin au pluriel », annonce-t-il. Parfois... c'est-à-dire sous la plume de personnes ignorantes du genre réel qui ont été abusées par la terminaison muette du mot (dont la rime est effectivement féminine en poésie classico-romantique) et qui l'ont spontanément féminisé.

La même aventure est arrivée aux mots *alvéole* et *trille,* qui sont masculins mais que l'on rencontre accordés parfois au féminin ; *alvéole* est toujours masculin dans le *Dictionnaire de l'Académie* 1986, tandis que le Petit Larousse de la même année le classe « fém. autref. masc. ».

Présenté comme un redoutable connaisseur des arcanes grossières... (*la République du Centre,* 6 septembre 1989)

Mais le substantif *arcane* est masculin, et il fallait écrire : *les arcanes grossiers.* De même, dans *le Canard enchaîné* du 20 décembre 1989, celui qui, en raison d'une grève, ne fut pas mis dans les kiosques mais fut encarté à la vente dans le numéro suivant, on a pu lire, en dernière page :
C'est l'histoire d'un haltérophile qui soulève son haltère, la repose, la démonte, en sort une bouteille...
Là encore, faute de genre : *haltère* est masculin ; il faut dire : *un haltère,* et ici on devait écrire : *soulève son haltère, le repose, le démonte.*

La manière dont viennent de se dérouler [...] les inscriptions de ceux qu'on appelle les bacheliers antérieurs [...] est de mauvaise augure. (*France-Soir,* 3 juillet 1989)

Le substantif *augure* est du genre masculin, qu'il désigne un présage ou le prêtre antique qui en tirait un du vol des oiseaux. De nos jours, au figuré : *c'est un événement de bon augure,* ou : *de mauvais augure.*

Éphéméride roumain : tel était le titre de la chronique de Bruno Frappat dans le supplément radio-télévision du *Monde* daté 31 décembre 1989 - 1er janvier 1990.

Personne, ni à la rédaction, ni à la correction, parmi tous ceux qui auront vu ce titre aux différents stades de la fabrication de la page, n'aura réagi à temps pour éviter cette maladresse : un accord au masculin d'un substantif féminin. Nous pensons que cette absence de réaction est due au fait que le mot *éphéméride,* employé le plus souvent au pluriel, n'est quasiment jamais accompagné d'un adjectif qualificatif, et que l'adjectif possessif ne donne aucune information : *mon éphéméride, votre éphéméride* – quel que soit le genre.

La semaine d'après, B. Frappat avait l'élégance et le courage de prendre la bévue à son compte, et ajoutait au bas de sa nouvelle chronique une sorte de « Pan sur le bec ! » (comme on dit au *Canard enchaîné...*) :

« P.S. – Grosse bévue, imputable à l'auteur, dans la dernière chronique intitulée "Éphéméride roumain". Comme chacun l'ignore, "éphéméride" est féminin. Le masculin était d'usage jusqu'au dix-huitième siècle : quand on vous dit que tous les repères s'effondrent... »

Littré dit très précisément, en remarque : « Ce mot est masculin dans le Dictionnaire de l'Académie de 1762 et dans d'autres dictionnaires. Voltaire a dit : "On leur doit [aux Brahmanes] les premiers éphémérides." Mais Feraud et d'autres le font féminin, genre adopté par l'Académie en 1835 et conforme au genre de ce mot en latin et en grec. »

110 L'apocope de la première syllabe, ou l'étêtement des pieds

Exceptions chez les apocopes... – On trouve enfin quelques apocopes dont les syllabes retranchées ne sont pas celles de la fin mais du début du mot. (*Jeux de notre temps,* n° 51, février 1990.)

Jeux de notre temps, c'est la revue de l'émission télévisée d'Armand Jammot « Des chiffres et des lettres », dont chacun connaît le succès qu'elle obtient depuis nombre d'années. Cette revue présente donc chaque mois des grilles de mots croisés, de mots fléchés, des quizz, etc., ainsi que des rubriques traitant surtout des clubs « Des chiffres et des lettres »... Moins à l'aise, semble-t-il, quand il s'agit d'aborder des questions de vocabulaire, un rédacteur de cette revue a manqué quelque peu de rigueur en voulant parler des mots abrégés obtenus par ce que l'on nomme, en linguistique, l'apocope (mot féminin).

D'abord en appelant constamment « apocopes » les mots réduits ainsi par la suppression d'une ou de plusieurs syllabes (ou d'un phonème) à la fin d'un mot : *télé* (pour *télévision*), *prof* (pour *professeur*), *sana* (pour *sanatorium*), etc. Première erreur :

apocope désigne exclusivement le phénomène linguistique, non les termes qui en résultent. Ces derniers doivent être appelés *mots apocopés.*

Seconde erreur, une belle « perle de culture » : l'auteur – sous le sous-titre *Exceptions chez les apocopes...* – déclare donc qu'il existe « *quelques apocopes dont les syllabes retranchées ne sont pas celles de la fin mais du début du mot* »... Affirmation bien légère : en vérité, il ne s'agit plus du tout d'apocope, mais de son contraire, l'*aphérèse,* phénomène linguistique consistant dans la disparition d'un ou de plusieurs phonèmes, d'une ou de plusieurs syllabes, au début d'un mot. Ainsi : *bus,* pour *autobus.* Là non plus, il ne faut pas dire que les mots tronqués sont « des aphérèses » !

Écrire dans une revue dont l'intention est de distraire intelligemment n'implique pas que l'on doive se satisfaire d'à-peu-près.

111 Des dépenses somptuaires et des gains bénéficiaires

Vous n'êtes pas la seule, chère Madame, à comparer ces dépenses somptuaires à vos besoins. (*France-Soir,* 5 juillet 1989)

Il y a pléonasme, c'est-à-dire répétition entre le substantif *dépense(s)* et l'adjectif *somptuaire(s),* qui signifie « ayant trait aux dépenses ». Des dépenses sont, en soi, aussi nécessairement « somptuaires » que le ciel peut être « céleste », la maison « domestique » et l'eau « aqueuse ». Dans le cas mentionné ci-dessus, on doit dire : *dépenses excessives,* ou : *de luxe,* ou : *d'apparat,* ou : *de prestige,* ou : *prodigalités, dilapidations, gaspillages, excès somptuaires...* Car ce n'est pas l'adjectif qualificatif *somptuaire* qui est critiquable, mais son accouplement avec un substantif dont il ne fait que doubler le sens inutilement.

112 Le périple n'est ni un aller simple ni un aller-retour

12 ans et une seconde de retard : le long périple de Voyager II. (*France-Soir* du 25 août 1989, titre sur toute la largeur de la page 4)

D'abord, une amphibologie : la sonde Voyager II n'a pas accusé un retard de « 12 ans et une seconde » ; elle est arrivée à l'heure aux abords de Neptune au bout d'un parcours de douze années, du moins à une seconde près. Et une seconde sur douze ans, c'est peu de chose. Le lecteur, déjà informé par la radio et la télévision, a, comme on dit, rectifié « de lui-même », et dans l'instant. Ensuite, la faute qui consiste à utiliser le mot *périple* à tort et à travers. Le trajet effectué par Voyager II est justement le type de ceux auxquels ce mot ne saurait s'appliquer. Un *périple* est, à l'origine, un voyage de circumnavigation, c'est-à-dire accompli autour d'une mer ou autour d'un continent. L'étymologie est parlante : dans le mot grec *periplous,* « circumnavigation », on reconnaît l'élément *peri-,* qui signifie « autour » ; on le trouve, par exemple, dans *périphérique,* « qui fait le tour ». Dire d'un voyage en ligne droite que c'est un « périple », c'est comme si l'on baptisait « boulevard périphérique » ou « boulevard de ceinture » le boulevard Sébastopol, à Paris ! Or, la sonde Voyager II n'effectuait aucun périple, puisque, parvenue aux environs de la planète Neptune, elle devait sortir du système solaire et continuer sa course dans l'espace sans aucun but défini, et sans aucune chance prévisible de retourner un jour à son point de départ.

Nous n'ignorons pas que le Petit Larousse, très accueillant, admet l'extension « randonnée » pour le mot *périple.* Certes, une extension est justifiable dès l'instant que le sens premier n'est pas trahi ; par exemple, on conçoit très bien *périple* au sens d'un voyage sur terre, pourvu qu'il soit aller et retour, de préférence par des chemins différents, donc qu'il « entoure » un espace de territoire. À la rigueur, on pourra l'employer par image pour une balade qui empruntera un trajet circulaire (au sens large, et non, bien sûr, au sens géométrique). Mais si l'on va en droite ligne d'un point à un autre et qu'on revienne par le même itinéraire, le mot *périple* sera inadapté. Baptiser « périple » n'importe quel voyage, c'est déprécier et appauvrir la langue française par des extensions abusives qui obligent ensuite, pour exprimer des notions pourtant simples, à recourir à des vocables étrangers.

– Autre cas analogue :
[Pour le match aller Bordeaux-Naples] le prix de ce périple, billet au stade compris, était de 3 200 francs. (Libération, 24 novembre 1988)

Le fait d'aller de Bordeaux à Naples et de revenir constituait un *voyage,* et non un *périple,* puisqu'il s'effectuait sur la même ligne de parcours dans les deux sens.

113 « Il y a des années-lumière, et six kilomètres à ma montre »

L'étoile bleue a explosé il y a 170 000 années-lumière. (Françoise Giroud dans *le Nouvel Observateur,* 10-16 mai 1990)
Ça fait des années-lumière que FO n'a pas participé à un conflit dans les PTT. (paroles, rapportées dans la presse, d'un responsable syndical CFDT de la région parisienne, en novembre 1988)

L'*année-lumière* n'est pas une unité de temps, mais une unité de longueur. C'est la *distance* parcourue en une année par un rayon lumineux, sachant que la lumière franchit dans le vide 300 000 kilomètres environ par seconde, ce qui, en une année, totalise quelques marathons ! Le nombre est résumé par la formule approximative $9{,}461 \times 10^{12}$. Tout au long d'une année-lumière, on alignerait 9 460 800 000 000 de kilomètres. La lumière de certaines étoiles met des millions d'années à nous parvenir ; on dit qu'elles sont situées *à des millions d'années-lumière.*

NOTE : Nous avons utilisé le pluriel *années-lumière,* qui seul nous paraît logique (cf. *des bains-marie, des stations-service, des timbres-poste,* etc.) ; en fait, *année-lumière* est simplement une abréviation pour *année de lumière,* selon le Dictionnaire de l'Académie. Cependant, divers lexiques donnent *années-lumières* au pluriel, ce qui ne signifie point qu'ils doivent être suivis.

114 Décimations sauvages

La traversée du Nord-Drakensberg et les maladies décimeront la quasi-totalité de ses fidèles. (presse du soir, 18-19 décembre 1988)
La maladie de Carré [...] *a décimé en un an plus de 20 000 phoques.* (presse du soir, 29 mai 1989)

Le verbe *décimer* signifiait, à l'origine, « tuer un individu sur dix » ; il a la même racine que *décilitre,*

décimal, décime, mots qui contiennent tous l'idée de « dix ». Jadis, on décimait une troupe par représailles ou par punition, c'est-à-dire qu'on en tuait un dixième. Par extension, on emploie aujourd'hui ce verbe pour dire : « tuer une notable partie » (d'une armée, d'une population, d'un groupe). Il est donc bizarre de dire qu'on « décime la quasi-totalité » d'une communauté quelconque. Ou bien voyage et maladies ont *décimé les fidèles,* ou bien ils ont *fait périr la quasi-totalité* d'entre eux. Cette dernière formulation est vraisemblablement celle qui correspond à ce qu'a voulu (et cru) exprimer le rédacteur. Dans le second exemple de la faute, le journaliste a voulu dire que 20 000 phoques avaient péri ; ils n'ont pas été décimés, auquel cas il en serait mort tout au plus 2 000 ou 3 000, mais *exterminés,* ce qui implique leur destruction sans survivant à concurrence du nombre indiqué.

115 L'estrade des batteurs n'est pas celle qu'on pense

Ce qui frappe le plus chez Desgraupes et Dumayet, en regard de leur œuvre, c'est une discrétion et un effacement dont pourraient s'inspirer bien des batteurs d'estrade qui occupent actuellement l'écran. À l'heure du vedettariat médiatique, n'ont-ils pas l'impression tous deux d'être des phénomènes de musée ? (*Le Figaro Magazine,* 21 novembre 1987)

Faux emploi d'un mot mal compris : un *batteur d'estrade* est un éclaireur, un homme qui vient en avant d'une troupe pour dégager le chemin, en déceler et en écarter les dangers. De même que, dans certaines chasses, on bat les buissons pour en débusquer (en *rabattre*) le gibier, de même le *batteur d'estrade* chasse les périls ou les incertitudes de la *route. Estrade* est un vieux mot signifiant « route » et issu du latin *strata,* « route », qui a également fourni l'ancien français *estree,* « route », ainsi que l'anglais *street* et l'allemand *Strasse* qui signifient « rue ». Ici, ce que le rédacteur a voulu faire apparaître, ce sont les bateleurs (de l'ancien français *baastel,* « instrument d'escamoteur »). Gros-Guillaume (v. 1554-1634) fut un célèbre bateleur ; Buffalo Bill (1846-1917) fut un fameux batteur d'estrade.

La confusion entre les deux termes provient sans doute, d'une part, de leur paronymie, d'autre part du fait que les bateleurs se produisaient sur des *estrades* portées par des tréteaux. Ce mot *estrade* a été emprunté à l'espagnol *estrado,* issu du latin *stratum,* de la même famille que *strata* mais signifiant « plancher ».

Quant au *vedettariat,* bien que des dictionnaires aient cru devoir céder au mauvais usage et accepter le mot, il n'a aucune raison d'exister. En effet, la finale *-ariat* ne peut dériver que de la finale *-aire : actionnaire, actionnariat ; commissaire, commissariat ; notaire, notariat,* etc. Or, il n'existe pas de mot « *vedettaire* » d'où pourrait découler *vedettariat.*

116 Un chevalier qui fait triste figure

Le patron devint alors le patriarche, mais rien ne se fit sans son assentiment. Chevalier de l'industrie moderne, créateur d'un empire familial ... (presse du soir, 27 novembre 1989)

En armant chevalier de l'industrie moderne ce grand manufacturier de la laine, le rédacteur a eu la noble intention de lui faire le maximum d'honneur, n'en doutons pas. Il l'adoubait, comme on disait au Moyen Âge. Il n'a pas pris garde à une nuance du français : un *chevalier d'industrie,* c'est, dit le Petit Larousse, « un homme qui vit d'expédients » ; même définition chez Robert, et Quillet précise : « se dit en mauvaise part » ; déjà Wailly, en 1834, traduisait par : « escroc qui vit d'adresse ». Nous voilà bien loin de l'hommage que notre journaliste croyait rendre à un industriel qu'il tient pour exemplaire. C'est qu'en réalité il a voulu dire que ce patron plein de vertus était un *capitaine d'industrie.* Ce que Robert définit ainsi : « chef d'une grande entreprise »,

en l'assortissant toutefois de cette indication entre parenthèses : « souvent péjoratif », mais cet ajout nous paraît un tantinet excessif ; on dira très bien que Marcel Dassault fut un capitaine d'industrie sans la moindre intention déplaisante. Il est vrai qu'en bombardant « chevalier » son « capitaine » lainier notre rédacteur vespéral n'en avait pas non plus !

117 Une vraie-fausse piste

Les enquêteurs de la P.J. de Nice estiment que « si cette double piste s'avérait fausse l'enquête ne serait pas près d'aboutir ». (*France-Soir,* 5 mars 1989)

La faute, attribuée ici aux enquêteurs niçois et reproduite telle quelle par le journal, est patente : *s'avérer* signifie « se révéler vrai » ; rien ne peut donc « s'avérer faux » ! Il y a là une contradiction dans les termes qu'on ne peut réduire qu'en changeant de formulation : *si cette double piste se révélait fausse,* ou *était reconnue fausse,* etc.

118 Confondre *morfondre* et *confondre* !

Ils [des manifestants musulmans du Bangladesh] réclament une punition exemplaire contre la compagnie juive Bata. La société se morfond déjà en excuses. (*France-Soir,* 26 juin 1989)

Le verbe *se morfondre* signifiait autrefois « s'enrhumer », « prendre froid », d'abord à propos des chevaux, puis, par extension, des gens ; un glissement progressif lui donna un sens plus restreint, celui de

« s'ennuyer en attendant » (Larousse). On ne se « morfond » donc pas, mais on *se confond en excuses,* c'est-à-dire qu'on présente des excuses solennelles, humiliées, chargées de *mea culpa.* On se couvre la tête de cendre !

119 L'hygiène a ses adversaires

Le vocable « hygiène » étant obsolète, je vous serais reconnaissant de bien vouloir le remplacer par « qualité de la vie » dans tous vos courriers, rapports, etc. (extrait d'une note de service de la mairie d'Annecy reproduite en cliché par *le Canard enchaîné* du 14 juin 1989)

N'en déplaise à l'auteur de cette note, le mot *hygiène* n'est point classé comme obsolète par les dictionnaires courants ; *obsolète* signifie « sorti de l'usage » (Petit Larousse) ; or, *hygiène* est moins sorti de l'usage que le mot *obsolète* lui-même, lequel, bien que qualifié de néologisme par Littré, est relégué dans les emplois linguistiques et religieux par un Petit Robert qui le date de 1596. Mais notre contestation ne s'arrête pas là : elle déborde sur la sémantique. En effet, il n'y a pas équivalence de sens entre *hygiène,* mot qui désigne des règles et des pratiques relatives à la conservation et à l'amélioration de la santé, ainsi que la partie de la médecine qui en traite, et *qualité de la vie,* que Larousse définit ainsi : « Tout ce qui contribue à créer des conditions de vie plus harmonieuses ; ces conditions elles-mêmes ». Certes, il n'existe ni antinomie ni antonymie entre les deux termes : on ne saurait douter que l'hygiène ne concoure à la qualité de la vie ; mais celle-ci embrasse des éléments, des facteurs et des notions qui la rapprochent de l'écologie plus que de l'hygiène proprement dite. Conclusion : proscrire le mot *hygiène,* terme irremplaçable, est un abus.

Si ce vocable disparaît, que deviendront ses dérivés ? Comment nommera-t-on le papier *hygié-*

nique, les serviettes *hygiéniques,* et de quelle appellation nouvelle désignera-t-on les *hygiénistes* ? Nous voyons déjà se profiler à l'horizon des synonymes « franglais »...

120 Exactes exactions

Condamné plusieurs fois pour incitation à la haine raciale, complice de nombreuses exactions à caractère raciste, il avait, voici deux ans, comparu en cour d'assises après l'assassinat d'un jeune Maghrébin. (*France-Soir,* 19 juillet 1989)

Nous savons bien que le détournement de l'usage d'un mot, à force d'être répété, finit par devenir le fondement d'une règle. C'est ainsi que le verbe *énerver,* employé au sens d' « amollir » par Voltaire (*Brutus,* 1730), défini comme signifiant « affaiblir » par Wailly (1834), et encore pris dans l'acception d'« ôter toute énergie » par Flaubert (*Madame Bovary,* 1857) et par Loti (... *ce bien-être énervant du sommeil de midi* [*Mariage de Loti,* 1880]), ne veut plus dire aujourd'hui autre chose qu' « impatienter, exaspérer, irriter ». Cependant, il n'est peut-être pas inutile de réagir contre l'usage, maintenant très répandu, du substantif féminin *exaction* dans une acception qui n'est pas (encore) la sienne. L'*exaction* est un abus consistant à *exiger* de quelqu'un plus qu'il ne doit, voire ce qu'il ne doit pas. Si votre percepteur vous réclame des impôts indus, s'il vous taxe exagérément, vous êtes victime d'une *exaction*. Ceux que, par un emprunt au vocabulaire américain, on nomme les « racketteurs » sont, en fait, des *exacteurs* procédant par violence pour accomplir leur extorsion de fonds. Mais cette troupe qui mitraille et canonne des manifestants désarmés, ces brigands qui attaquent les passants et les égorgent, ne se livrent pas à une « exaction », ils commettent des *atrocités*, des *forfaits*, des *massacres*, etc. On reproche parfois aux nazis leurs « exactions » ; s'ils s'en étaient tenus à des exactions, au sens véritable du terme, ce seraient de petits anges à côté de ce qu'on sait qu'ils furent. Cela dit, le Petit Larousse illustré (1980) a fait une concession en direction du sens néologique : il admet *exactions*, uniquement au pluriel, pour « abus de pouvoir, actes de violence ». Nous ne signalons pas cette reconnaissance de la déviation sémantique du mot pour y encourager qui que ce soit. Dans la phrase citée ici, le personnage avait été complice de *crimes* à caractère raciste, et non d' « exactions ».

121 Comment surplomber sans surplomb ?

Des groupes de colons de l'implantation israélienne de Kyriat-Arba (5 000 habitants), qui surplombe Hébron (40 000 habitants)... (presse parisienne, 28-29 mai 1989)

Il est vraisemblable que Kyriat-Arba *domine* Hébron mais ne *surplombe* pas cette ville, car, pour surplomber, il faut qu'il y ait un *surplomb*, c'est-à-dire une partie en saillie qui couvre au moins une fraction de ce qui est dominé. Or, comment imaginer une bourgade de 5 000 habitants installée sur un

espace capable de *surplomber* ne serait-ce qu'un quartier d'une cité de 40 000 âmes ? Employer *surplomber* pour *dominer* est un abus journalistique très répandu, nuisible en ceci qu'on dévalue ainsi certains mots au profit d'autres moins appropriés ; de la sorte, on introduit dans la langue, par une habitude de surenchère verbale, une confusion préjudiciable à sa clarté et à sa diversité.

122 Pourquoi faire simple quand on peut faire compliqué ?

*Il s'agit à l'origine d'une thèse soutenue, à Paris-X-Nanterre, en 1988, par l'auteur, actuellement maître de conférences à l'université Lumière-Lyon-II et membre de l'unité de recherches CNRS "Économie des changements technologiques" (techniques, en bon français). (*Alfred Sauvy, dans *le Monde* du 15 août 1989)

Bravo, Alfred Sauvy ! Disons-le, ce « techniques, en bon français » mis entre parenthèses nous a procuré beaucoup de plaisir. En effet, l'adjectif *technique* est en passe de disparaître de la langue française, alors que *technologique,* tout le monde, en tous milieux, en a plein la bouche ! Essayons de dégager de l'étymologie une notion claire. *Technique,* adjectif et substantif, vient du grec *tekhnikos* signifiant « qui a rapport à l'art, au métier, à la méthode ». La *technique,* c'est l'ensemble des procédés propres à réaliser une production satisfaisante dans un art, une profession, une industrie. La *technologie* (de *tekhnê,* « art » + *logos,* « discours ») est l'étude, la science des techniques en général, ou de la technique propre à un art, à un métier.

123 Subor(di)nation

... a été, dans l'affaire Jobic, inculpé de subordination de témoin... (Journal de 20 heures sur Antenne 2, le 21 décembre 1988)

Ô méfaits de la paronymie, nous n'en aurons donc jamais fini avec vous ? Il s'agit naturellement de *subornation* de témoin (et non de *subordination*). Rappelons le sens très différent de ces deux mots : la *subornation* est l'incitation à agir contre la loi ; une *subordination* est une dépendance, une situation d'inférieur par rapport à une autre dans une hiérarchie établie.

124 Mettez à jour votre vocabulaire

Les policiers de la Sûreté urbaine de Versailles ont également mis à jour un réseau de trafic de voitures volées entre la France et l'Espagne. (*France-Soir,* 13 décembre 1988)

En réalité, les policiers ont mis *au jour,* c'est-à-dire décelé, révélé, sorti au grand jour, ce déplorable trafic. Ils n'ont pu le mettre *à jour,* ce qui eût impliqué plutôt sa régularisation, tout à fait à l'opposé de leur mission. Car on *se met à jour de ses cotisations,* on *met sa comptabilité à jour ;* mais on met un trafic *au* jour quand on le découvre, on met *au* jour un complot, une intrigue, ou, ce qui est plus sympathique, un fémur de brontosaure ou une vertèbre de diplodocus dans un chantier de fouille paléontologique.

125 Le couvreur a recouvré ses couvertures

Ses symptômes diminuèrent rapidement d'intensité et il recouvrit rapidement la vue. (traduction de *Wilson,* ouvrage de S. Freud et W.C. Bullitt ; édit. Payot 1990 ; X, p. 191)

Pas du tout, cher polyglotte approximatif : il ne recouvrit rien, ne vous en déplaise. La vue, il la *recouvra.* Car il s'agit ici du verbe *recouvrer,* qui est du 1er groupe, et qui vient tout droit du latin *recuperare.* Le Petit Larousse le définit ainsi : « Rentrer en possession de ce qu'on avait perdu » ; il signifie aussi « percevoir » : *recouvrer l'impôt* (Larousse). Quant au verbe *recouvrir,* il est du 3e groupe : *il recouvrit sa maison dont le vent avait emporté trente ardoises ; elle avait recouvert sa table d'une belle nappe brodée.* Notez-le bien, une table, à la rigueur, peut être *recouvrée* si on vous l'a prise, pourvu que la police débusque votre cambrioleur, mais la vision perdue d'un œil ne saurait être « *recouverte* » ; elle ne peut être que *recouvrée* : souhaitons donc au malheureux borgne qu'il la *recouvre.* Remarquons en passant qu'au présent et à l'imparfait de l'indicatif, ainsi qu'au présent du subjonctif, les deux verbes ont la même conjugaison ; ils ont le même participe présent, *recouvrant,* mais non le même participe passé : *recouvré, recouvert.* Ces similitudes, et la paronymie, sont à l'origine d'une très fréquente confusion.

126 Un Iranien rétractile

Les éditorialistes iraniens avaient déjà préparé le terrain à une rétraction de M. Rafsandjani en affirmant que... (quotidien parisien du soir, 12 mai 1989)

Qu'est-ce qu'une *rétraction* ? Les dictionnaires le révèlent sans la moindre ambiguïté : c'est une diminution de longueur ou de volume d'un tissu, d'un organe, d'un matériau (le béton, par exemple, en train de « prendre »). On parle de la *rétraction* du ciment quand il sèche, de celle des poils de barbe sous le rasoir. Le premier ministre iranien se serait-il ainsi contracté, ratatiné, par l'effet de quelque phénomène inconnu ? Renseignements pris, il n'en est rien : M. Rafsandjani n'avait point rétréci ni maigri, il avait simplement fait une déclaration fracassante, puis, les milieux internationaux s'étant émus et paraissant réagir avec force, il était revenu un peu en arrière, mettant, comme on dit parfois, « de l'eau dans son vin », locution ici inappropriée puisque, musulman de stricte obédience, le leader persan ne boit pas de jus de la treille. Ce qu'avait accompli M. Rafsandjani, ce n'était pas une *rétraction,* mais une *rétractation :* il s'était non point *contracté* mais *rétracté.* Voilà comment l'ablation d'une syllabe dans un mot peut donner à une phrase un sens inattendu et désopilant.

La confusion a évidemment pour cause le double sens du verbe *se rétracter* : 1) « revenir sur un propos qu'on a tenu afin de le démentir ou de le corriger » ; 2) « rétrécir, raccourcir, se resserrer ». Tout cela vient de très loin. Il existait en latin un verbe *trahere* signifiant « tirer ». Ce verbe avait un dérivé nominal *tractio,* « action de tirer », et un

fréquentatif *tractare,* qui a donné *traiter,* et qui signifiait « tirer en tous sens », « manipuler », et, avec une valeur abstraite, « traiter une question ». Il existait aussi un verbe *retrahere* signifiant « tirer en arrière », dont le dérivé nominal *retractio* voulait dire « recul ». Le verbe *tractare* avait pour sa part un composé *retractare* signifiant « remanier », « retraiter une question ». Le dérivé nominal de ce dernier était *retractatio,* avec le sens de « retraitement d'une question » et particulièrement « nouveau traitement exprimant, par rapport au premier, une opinion contraire ».

Rétraction et *rétractation* ont assez bien conservé le sens de leurs modèles latins *retractio* et *retractatio. Se rétracter,* devenu pronominal, a également maintenu le sens de *retractare.* Malheureusement, si le français a emprunté le nom *retractio,* dont il a fait *rétraction,* il n'a pas emprunté le verbe correspondant. Quand on a eu besoin d'un verbe pour exprimer cette notion de resserrement, de recul, on s'est servi du verbe *se rétracter,* déjà présent en français, qui s'est ainsi trouvé doté d'un second sens tout à fait différent du premier.

127 **Il n'y a pas lieu d'en rabattre**

Qu'est-ce que c'est que cette identité française dont on nous rabat les oreilles depuis si longtemps ? (« Le temps qui change », France-Culture, 30 juin 1989)

Certes, l'image est cocasse de ces journalistes transformés en cockers pour avoir trop souvent entendu les mêmes propos. Si les banalités insistantes avaient pour effet de *rabattre* les oreilles de leurs auditeurs, il y aurait au moins ceci de bon que les victimes, le conduit auditif masqué par le pavillon, cesseraient de les entendre.

Mais non, ce qui se passe est beaucoup moins spectaculaire. Quand on vous accable sous des slogans, des formules, des sentences, des demandes, etc., mille fois répétés, on vous *rebat* les oreilles, c'est-à-dire qu'on les frappe à coups redoublés.

MOI FRANÇAIS, TOI COMPRENDRE LANGUE ?!
OUI, SI VOUS LA PARLEZ CORRECTEMENT !
T. THOMAS

VII. Barbarismes

Un barbarisme, dit le Petit Robert, est une « faute grossière de langage », un « emploi de mots forgés ou déformés », une « utilisation d'un mot dans un sens qu'il n'a pas ». Et le dictionnaire ajoute, à titre d'exemple : « *Solutionner* (pour *résoudre*) une question est un barbarisme. »

Le mot *barbarisme* a été emprunté aux grammairiens grecs, qui ont nommé *barbarismos* tout mot ne faisant pas partie des formes répertoriées ou admises par la langue grecque. Littéralement, le terme signifiait « façon de parler étrangère au grec », puisque *barbaros* signifiait « non grec ».

Un barbarisme est certainement une façon de parler étrangère au bon français. Peut-on dire que ce n'est pas du français ? Et surtout que ce ne sera jamais du français ?

Prenons le fameux *solutionner,* et comparons-le avec *impressionner*. Ce dernier verbe, aujourd'hui irréprochable, est né au XVIIIe siècle. Un « Petit Robert » de l'époque n'aurait-il pu écrire : « *Impressionner* (pour *s'imprimer sur, affecter, toucher, émouvoir*) est un barbarisme » ?

S'il l'avait fait, il aurait eu tort. Il n'est pas question d'interdire au français de se fabriquer des mots nouveaux, ni même de nouvelles formes verbales. Tout *néologisme* n'est pas un *barbarisme*. Il y a des néologismes utiles, il en est même d'indispensables. N'est-il pas plus commode et plus clair de dire *succès médiatique* que *succès qui se manifeste par de fréquentes mentions, citations ou prestations dans la presse, à la radio et à la télévision* ? Alors, va pour *médiatique* ! Mais halte à *solutionner* ! Nous convenons qu'il faut beaucoup de rigueur et de subtilité pour distinguer à tout coup et sans erreur ce qui est néologisme de ce qui est barbarisme, mais

une chose comme *solutionner* présente un certain nombre de traits caractéristiques de la faute que nous dénonçons dans ce chapitre :
– ce verbe est totalement inutile : il ne dit rien de plus que *résoudre* ;
– il est plus long et plus disgracieux que le verbe qu'il prétend remplacer ;
– il évite d'avoir à conjuguer un verbe à la flexion relativement complexe, et dispense donc d'apprendre sa propre langue.

Ce dernier point est peut-être le plus grave : prétendre parler une langue sans l'apprendre, c'est se condamner à la baragouiner, comme... eh ! oui, comme un barbare...

*
* *

128 Conjuguer le verbe « *dévoudre* » ?

Celle-ci [la nature] a dévolu à l'homme seul cette capacité de concilier le groupe, la société, régulateurs et stabilisateurs, et l'individu, source de création et d'innovation. (l'académicien René Huyghe, dans *le Monde* du 7 février 1979)

Or *dévolu* est donné dans les lexiques de français comme un adjectif : *le tuteur avait dilapidé les biens dévolus à son pupille,* et comme substantif : *jeter son dévolu sur un tableau de maître.* Vous le chercherez en vain comme verbe.

Mais René Huyghes est une référence. L'éminent historien d'art a verbalisé l'adjectif du Petit Larousse ; et il n'est pas le seul ni le premier à l'avoir fait. Or il n'existe pas de verbe à l'infinitif qui serait la base de *dévolu.* Il existe tout juste un verbe latin *devolvere* (= dérouler), lequel ne pourrait, en français, donner que *dévoudre,* comme l'*absolvere* du latin a *absoudre* pour équivalent. Si cela vous convient...

Semblablement, *usité* ne figure que comme adjectif dans tous les dictionnaires.

On a pourtant eu l'occasion de lire des *avoir usité* comme s'il existait un infinitif correspondant, ou comme s'il s'agissait d'un verbe... sans infinitif.

Mais le champion toutes catégories de la verbalisation illégitime est l'adjectif *stupéfait,* dont on a tendance à faire le participe d'un verbe « *stupéfaire* » inconnu au bataillon. Nous avions déjà signalé la faute dans *le Français écorché* (p. 229). Il nous reste à l'illustrer par un flagrant délit, fourni par un chroniqueur de RTL aux informations de 8 heures, le 31 août 1989 :

L'annonce de leur séparation [celle de la princesse Anne et du capitaine Mark Phillips] a stupéfait l'Angleterre.

C'est, bien sûr, *a stupéfié,* du verbe *stupéfier,* que les auditeurs auraient dû entendre. Hélas ! ils risquent de l'entendre de moins en moins souvent. Or, si l'emploi de *stupéfait* se généralisait dans le sens vicié que nous avons relevé ci-dessus, pourriez-vous, nous demandera-t-on, continuer à le condamner ? Voici quelle est, très humblement, notre réponse. En matière de langue, quand une faute n'affecte pas le sens intrinsèque d'un mot ou d'une expression, l'usage a fatalement le dessus, au moins dans le parler populaire, et si la faute, en fin de compte, est commise par tout le monde, c'est elle qui acquiert force de loi. C'est parfois très regrettable, comme le sont certaines défaites, certaines capitulations, que l'on n'a pas pu empêcher. Au cas où cette généralisation atteindrait le mot *stupéfait* dans l'emploi incorrect dénoncé ici, il ne resterait que la solution de l'enregistrer, soit comme second participe de *stupéfier,* soit comme verbe sans infinitif et sans temps simples, n'existant que sous la forme défective de participe passé et des temps composés.

129 **Des corbeilles en encorbellement**

Le pont [de Neuilly] sera élargi de 8 mètres, avec des trottoirs en encorbeillement. (*France-Soir,* 18 octobre 1989)

Faute d'orthographe ou barbarisme ? Il fallait écrire : *encorbellement,* mot qui ne prend pas de *i,* et qui dérive du terme d'architecture *corbeau,* nom donné aux pierres ou aux pièces de bois, parfois sculptées, qui font saillie sur la face extérieure d'un mur (parement) et supportent d'ordinaire une corniche ou un linteau. Le mot *encorbellement* vient donc du latin *corvus,* « corbeau ». Il n'a aucune parenté avec le latin *corbis,* « corbeille ». Toutefois, on s'explique assez bien la possibilité d'une confusion chez celui qui écrit : au théâtre, la *corbeille* est placée, en quelque sorte, en *encorbellement* !

130 **Quiconque dissèque fait une dissection**

La dissécation toute pathologique des rapports Delon-Ronet atteint des sommets. (*Thalassa,* n° 36, nov. 1989)

Ce bizarroïde « *dissécation* » est inconnu des dictionnaires, et paraît être un hybride de *dessiccation* – qui n'a rien à faire dans le contexte, puisque ce mot désigne l'élimination de l'humidité d'un corps – et de l'orthodoxe *dissection,* « analyse minutieuse de quelque chose ». C'est évidemment ce dernier terme qu'on aurait dû lire dans *Thalassa* !

131 Il m'indiffère que je t'insupporte

Les Anglais ont cherché des personnalités de remplacement à de Gaulle, parce que de Gaulle les insupportait par son caractère. (phrase prononcée par un journaliste et écrivain de grande renommée, spécialiste de l'histoire de la France durant la dernière guerre, « Les lundis de l'Histoire », France-Culture, 18 juin 1990).

Le verbe *insupporter* est insupportable, bien qu'il soit reconnu par certains dictionnaires, dont le Robert, qui précise toutefois : « familièrement et par plaisanterie ». C'est vrai : ce mot est si gauche et si mal bâti qu'à l'entendre on soupçonne une plaisanterie un peu lourde. Il arrive pourtant qu'il soit prononcé avec le plus grand sérieux.

C'est un dérivé récent (1870) de l'adjectif *insupportable.* Eh ! quoi, dira-t-on, il est licite de forger des mots nouveaux. Bien sûr, tout comme il est licite de défigurer un paysage avec une construction hideuse. Les néologismes convenablement ou joliment construits s'appuient toujours sur l'histoire de la langue ou sur sa logique. *Insupporter* piétine l'une et l'autre. La langue française n'a rien produit de semblable. Pour défendre *insupporter,* on ne saurait s'appuyer sur *indifférer,* synonyme d' « être indifférent » : de *cela m'est* (= est à moi) *indifférent,* on passe logiquement à *cela m'indiffère* (= indiffère à moi). Mais, alors que le suffixe *-ent* est actif (*émergent* = qui émerge, *différent* = qui diffère), le suffixe *-able* est passif (*mangeable* = qui peut *être mangé ; buvable* = qui peut *être bu*). La plus élémentaire logique exige donc qu'il y ait, entre *insupporter* et *insupportable,* le même rapport qu'entre *supporter* et *supportable.* Or *supporter* équivaut à « trouver supportable », alors qu'*insupporter* équivaut non pas à « trouver insupportable » mais à « être insupportable à ». Un vilain mot, vraiment !

TAXE, ÇA CHCONNAIS, MAIS "SAINT TAXE", CHAVAIS PAS QU'IL EXISTAIT, CELUI LÀ !!
T. THOMAS

VIII. Syntaxe

Habitués à entendre célébrer ou maudire sur tous les tons la suprématie, méritée ou usurpée, de la langue anglaise à l'échelle du monde entier, les Français ont été agréablement surpris, lors des récents événements d'Europe orientale, d'entendre à la télévision force Hongrois, force Roumains, force Bulgares, s'exprimer dans notre langue, tantôt avec une aisance parfaite, tantôt, pour le moins, avec une touchante bonne volonté.

Chez certains de nos compatriotes, cela a surtout flatté une tendance congénitale au chauvinisme, au cocorico. Nous nous en garderons, pour notre part. Jean Dutourd (*France-Soir,* 13 janvier 1990) est allé jusqu'à parler de « divine surprise » et d' « émerveillement ». Mais il a, en gros, traduit très justement le choc qu'ont ressenti beaucoup de Français « en constatant qu'un si grand nombre de Roumains parlait français là-bas ».

Les personnes qui ont un peu voyagé en Europe de l'Est sous les régimes communistes ont eu souvent l'occasion de rencontrer des gens qui parlaient français. Cela nous arriva. À Székesfehérvár, en Hongrie, le préposé au bureau de tourisme était un excellent francophone. À Sofia, nous avons vu la plaque d'un dispensaire rédigée en bulgare et en français. Et dans la rue, en plusieurs pays de cette partie du continent, on a pu maintes fois s'entretenir spontanément avec des gens dont le français était très correct.

Mais notre souvenir le plus émouvant nous reporte à une contrée beaucoup plus lointaine. Au Cachemire, un petit marchand est venu à nous et s'est mis à nous parler français. « Astuce commerciale, pensâmes-nous d'abord. Juste assez pour nous amadouer. » Pas du tout : de son propre chef, et pour son plaisir, il s'était inscrit, nous expliqua-t-il, à l'université de Srinagar et y avait suivi des cours de français, langue qu'il aimait et que personne ne parle là-bas. Bien entendu, il rêvait d'aller un jour à Paris, sans trop s'illusionner toutefois.

On peut admirer la pureté du français que parlent les Canaques de Nouvelle-Calédonie, même chez ceux qui tiennent des propos hostiles à la France ; et l'on observera que, pendant un siècle et quart d'administration française en Algérie, les Algériens ont fait l'effort d'apprendre le français beaucoup plus que les Français celui d'apprendre l'arabe.

Certes, l'étranger commettra souvent des fautes en parlant français ; mais les fautes de français du non-francophone d'origine sont excusables et inoffensives, contrairement à celles du francophone dont le français est la langue maternelle. Or, si le français est menacé dans sa pureté, sa clarté, sa rigueur, ce n'est pas du fait de l'étranger mais bien du fait des Français, du moins de ceux qui laissent leur langue se corrompre et s'avilir en charabia et en baragouin. Les emprunts aux langues étrangères, y compris à l'anglais, ne nuisent pas gravement à la langue française. Le danger pour elle consiste dans la fausse direction que lui impriment ses propres usagers en la mal parlant et surtout en la mal écrivant. Les mauvaises tournures, la guerre d'usure menée contre la syntaxe en dépit du fameux mot d'ordre de Victor Hugo, « Guerre à la rhétorique et paix à la syntaxe ! », les inventions stupides du snobisme, les solécismes inlassablement répétés sur le papier par de tristes folliculaires et, sur les ondes, par trop de perroquets et de perruches, les incohérences cent fois clouées au pilori et pourtant triomphantes à longueur d'année (*Vous n'êtes pas sans ignorer*), les clichés éculés, le charabia chronique, un jargon que sans doute on ne trouverait ni en cheyenne ni en polynésien, non plus que dans aucun des nobles patois qu'essaient de faire revivre ou survivre les érudits de nos terroirs, voilà ce qui fait du français un patrimoine en péril. Et c'est en France même, dans la bouche et sous la plume des Français autochtones, que la langue française subit ces attaques et reçoit ces blessures.

Nous ne sommes que d'humbles secouristes qui cherchons à défendre et à panser.

*
* *

132 Un milieu mal introduit

Une petite fille, à Tanger, assiste, impuissante, au meurtre de son père. Elle revient sur les lieux du crime des années plus tard et [...] décide d'introduire le milieu de la ville pour tuer les assassins. (*France-Soir,* 11 mai 1989)

L'usage qui est fait ici du verbe *introduire* est tout à fait hétérodoxe. On a déjà vu le phénomène se produire avec le verbe *s'infiltrer,* qui, lui, est exclusivement pronominal (alors qu'*introduire* est aussi

transitif) : à la faveur des drames policiers et des romans d'espionnage, des mouchards « *infiltrèrent* » des organisations de malfaiteurs, des agents doubles « *infiltrèrent* » la C.I.A. ou le K.G.B. En réalité, ces mouchards et ces agents secrets *s'infiltrèrent parmi* les bandits ou parmi les espions, ou *y introduisirent quelques-uns* des leurs.

Nous rencontrons ici le verbe *introduire* dans son emploi correct, qui peut également prendre la forme pronominale, et qui devait même la prendre dans l'exemple cité ; le bon usage exigeait d'écrire : ... *décide de s'introduire dans le milieu [la pègre] de la ville ;* ou : *d'introduire des gens à elle dans...*

La même dérive guette le verbe *intégrer,* qui veut dire « faire entrer dans » et qu'on emploie parfois au sens d' « entrer dans », sous l'influence de *réintégrer,* qui signifie « rentrer dans ». En effet, un étranger ne peut dire : « *j'intègre le peuple français* » ; il est forcé d'user de la forme pronominale : *je m'intègre au peuple français ;* lequel peuple français peut dire : *j'intègre cet étranger,* qui, de ce fait, cesse d'en être un. En revanche, s'il s'est rendu dans son pays d'origine et revient, le brave homme peut dire : *je réintègre le peuple français,* sans avoir aucunement recours à la forme pronominale. Il faut avouer...

133 Partir pour où ? Pour Caen !

Où partirons-nous demain ? (titre lu dans un grand quotidien parisien).

La formule est incorrecte, car *partir* doit se construire avec *pour.* La forme licite est donc, en toute rigueur : *pour où partirons-nous demain ?* Pour la même raison il faut dire : *partir pour le front, partir pour Cannes...* et non « *partir au front, partir à Cannes* », etc., sauf volonté expresse d'adopter un niveau de langage moins soutenu !

134 Pour pallier un défaut de construction

Il [Patrice Bart] vient d'être promu [...] directeur de la danse « par intérim » afin de pallier aux absences répétées de Rudolf Nouréev. (*France-Soir,* 6 nov. 1989)

Le Petit Larousse a beau admettre le verbe *pallier* comme « tr. ind. » en style familier et donner comme exemple « pallier à un inconvénient », nous persistons à penser que c'est une faute, même si elle est commise... familièrement, de dire *pallier à..., pallier aux....* Le verbe *pallier,* dont l'étymologie contient et implique l'idée de « couvrir », ne peut être que transitif direct ; il faut dire : *pallier le..., la..., les...,* etc. On pallie les inconvénients, les défauts, les absences, les lacunes, et quiconque veut parler et écrire correctement s'en tiendra à cette forme, d'autant plus que, si l'on préfère user d'un verbe transitif indirect, on a la ressource d'employer *remédier à,* qui n'est pas moins courant que *pallier.* À l'origine, *pallier,* c'était « couvrir comme d'un manteau », par allusion au *pallium,* vêtement antique dont le nom a donné l'espagnol *palio,* « manteau », et l'ancien français *paile,* même sens, tandis qu'en bas latin, *palliare,* c'était « couvrir d'un manteau ».

135 Infléchir n'est pas influer

Aujourd'hui, ils [les Roumains] ont droit à une [...] performance : la quasi-unanimité internationale dans le constat des méfaits du régime en place. On peut, certes, s'en féliciter, même si l'on trouve la condamnation qui s'ensuit trop tardive et timide pour infléchir sur le cours du régime de Bucarest. (*Iztok,* revue libertaire sur les pays de l'Est, n° 17, juin 1989)

Le verbe *infléchir* est transitif direct ; par conséquent, la préposition *sur* est, ici, superflue et illicite. Il fallait écrire : *pour infléchir le cours du régime.* Si

l'auteur tenait à conserver *sur,* il devait employer un verbe intransitif ou transitif indirect, par exemple *influer,* ce qui eût donné : *pour influer sur le cours du régime de Bucarest.* Rappelons le sens de ces deux verbes (Petit Larousse illustré) : *infléchir,* v. tr. Modifier l'orientation ; courber, incliner ; *influer,* v. tr. indir. (*sur*). Exercer une action.

REMARQUE : La phrase finale de la citation eût été mieux équilibrée si l'auteur avait répété *trop* devant l'adjectif *timide.* Une telle répétition de symétrie n'est pas fautive mais, au contraire, souhaitable.

136 C'est le bénéficiaire qui bénéficie

La privatisation des eaux [...] devait bénéficier à la Lyonnaise des eaux. (lu dans le plus renommé des organes satiriques français, le 10 janvier 1990)

Tant Larousse que Robert précisent bien : « *bénéficier (de),* v. tr. indirect ». Autrement dit, ce verbe se construit avec la préposition *de,* mais non avec la préposition *à*. Sa définition justifie cette exclusive puisque ce verbe signifie « tirer du profit » ; or, on peut tirer du profit *d'*une chose ou *de* quelqu'un, mais non *à* une chose ni *à* quelqu'un. En pareil cas, il faut employer le verbe *profiter,* qui, lui, peut se construire avec l'une et l'autre préposition : *il profite bien de sa situation ; ces troubles profiteront aux malins.* Tandis que : *ce banquier bénéficiera de la privatisation, et celle-ci lui profitera* – mais non pas « *lui bénéficiera* ».

137 N'avoir de cesse

À l'époque, Damas héritait de ces présences parasitaires et n'eut de cesse que de les éliminer. (*le Monde,* 11 mai 1989)

L'expression *n'avoir de cesse* s'emploie de moins en moins, aussi est-elle usitée le plus souvent avec maladresse. Ici, le *que* est de trop ; il suffisait d'écrire : *n'eut de cesse de les éliminer,* ou, de préférence : *de les avoir éliminées.* La forme qui autrefois eût paru naturelle aurait été : *et n'eut de cesse qu'il* [= Damas, nom de ville pouvant être considéré comme neutre, d'autant plus qu'on sous-entend « le gouvernement syrien »] *ne les eût éliminées.* De nos jours encore il est licite d'employer cette locution sous cette forme : *Les touristes n'avaient de cesse qu'ils eussent* (ou : *qu'ils n'eussent*) *aperçu un troupeau d'éléphants.* – Le *ne* explétif est une préciosité facultative, courante dans les anciens textes, qui ne modifie en rien le sens de la locution.

138 Une victoire on ne peut plus complète

... Il est porté à se convaincre, après s'être soumis, qu'il a, en fait, gagné une victoire (traduction française de *Wilson,* par Sigmund Freud et William C. Bullitt ; édit. Payot 1990, p. 133)

On gagne une bataille, on remporte une victoire ;

mais on ne gagne pas une victoire, sauf dans les textes en charabia. Le même traducteur récidive une page plus loin : « *Il s'est soumis, puis a déclaré qu'il avait gagné une victoire* ». Et derechef, page 219 : « *Il se persuada qu'il avait gagné une grande victoire* ». Quand on tient une mauvaise formule, on n'en saurait trop user !

139 On ne commémore pas une commémoration

Je viens de lire dans son intégralité la traduction du discours prononcé par M. Jenninger en novembre 1988 [...] pour commémorer, si l'on peut dire, le cinquantenaire des pogroms des 9 et 10 novembre 1938. (lu dans les « Digressions » de Bernard Frank, *le Monde,* 1er février 1989)

Il est heureux que l'auteur ait ajouté : « si l'on peut dire », car... justement, on ne peut pas dire, ou plutôt on ne doit ni dire ni écrire *commémorer un cinquantenaire* cinquante années après l'événement considéré. En effet, c'est l'événement lui-même que l'on commémore ; le cinquantenaire, on le marque, on le fête, on le célèbre, etc. En la circonstance, on *célébrait une cérémonie,* ou *l'on faisait une manifestation, pour le cinquantenaire* des pogroms, ou disons plutôt qu'on en rappelait le funeste souvenir, avec une pensée émue à la mémoire de leurs victimes. Du même coup, on *commémorait cet événement,* afin qu'il ne tombât pas dans l'oubli. *Commémorer,* c'est « remettre en mémoire ». Chaque 14 juillet, on *commémore la prise de la Bastille* et on *célèbre l'anniversaire du 14 juillet 1789.*

Brochette de mauvais exemples du même tonneau :

... pour commémorer l'anniversaire des faits survenus à la grotte d'Ouvéa... (entendu le 4 mai sur le poste Europe 1)

Le 28 octobre, déjà, des milliers de Pragois [...] étaient descendus sur la célèbre place Venceslas pour commémorer le soixante et onzième anniversaire de la création de la République. (*le Monde,* 19-20 novembre 1989)

Les lampions du bicentenaire de 1789 à peine éteints, le Monde nous invite sinon à fêter, du moins à commémorer le cinquantenaire de 1939-40. (*le Canard enchaîné,* 26 juillet 1989)

Les « *commémorer l'anniversaire* » ont pullulé dans la presse écrite et sur les ondes tout au long de la *célébration* du Bicentenaire.

140 Les vœux ne sont pas souhaitables

Ce sont toujours les mêmes vœux que l'on souhaite à l'approche de l'an nouveau. (*la République du Centre,* 26 décembre 1989)

Mauvaise tournure à cause d'un mot impropre : on ne « *souhaite* » pas des vœux, ce qui reviendrait à *souhaiter des souhaits.* On en *forme,* on les *exprime,* on les *adresse,* il est même très correct de *faire* des vœux, mais non d'en *souhaiter.* Ce solécisme est peut-être passé inaperçu des lecteurs, s'étant fourvoyé dans la légende d'une photo ; mais un détail le rendait regrettable : la mise en page le faisait contigu à... la très pertinente chronique langagière où, à juste titre, le rédacteur spécialisé condamnait des fautes du même genre. Par exemple, avec beaucoup de raison, il dénonçait cette phrase lue autre part : *C'est dans ce cénotaphe que son corps a été déposé,* attendu que le mot *cénotaphe,* d'origine grecque, signifie « tombeau vide » et désigne « un monument qui ressemble à un tombeau, mais qui ne contient pas de corps — comme dans les cimetières marins ». Le hasard de l'imprimerie avait fait voisiner la faute et la mise au ban d'une faute analogue, et, pour les signataires, le délinquant et le justicier !

141 Il n'y a pas de « soi-disants » muets

Tout s'éclaire : les rentrées tardives, les restaurants « obligés », les soi-disant voyages d'affaires. (*Femme d'aujourd'hui,* 14-20 août 1989)

Nos soi-disant cinq semaines de congé ne signifient pas grand-chose. (*le Monde Affaires,* 29 avril 1989)

Rappelons que *soi-disant* ne doit s'appliquer qu'à des créatures humaines : *notre soi-disant bienfaiteur, nos soi-disant égéries.* À cela une bonne raison : seules des créatures humaines peuvent *se dire* telles ou telles. Un *soi-disant* notaire est un individu qui *se dit* notaire. Ni les voyages ni les semaines ne peuvent dire quoi que ce soit. S'il s'agit de choses, abstraites ou concrètes, on dira *prétendu : les prétendus voyages d'affaires, nos prétendues semaines de congé*. Car si les objets ne disent rien, on peut dire, on peut prétendre des choses à leur sujet. Cette règle est souvent transgressée, même par des plumes honorables.

Soi-disant, bien qu'adjectif, est invariable, mais, à l'époque classique et même après, il était fréquent de l'accorder : « ces sorcières ou soi-disantes » chez Madame de Sévigné, citée par Littré ; c'est considéré aujourd'hui comme une grosse faute. Surtout, ne pas écrire : « *soit-disant* ».

142 De cinq à six personnes, combien d'individus ?

... ce sont des commandos de cinq à six personnes qui... (dans la presse parisienne du soir, 22 mai 1989)

Il peut y avoir *de 5 à 6 kilomètres* entre deux localités, il peut faire de *5 à 6 degrés* de température, car le kilomètre et le degré sont indéfiniment divisibles ; en effet, une distance peut être de 5,350 kilomètres, et une température de 5 degrés et demi. Mais une personne !... Chacun doit comprendre qu'un commando peut se composer de *cinq ou six* individus, mais non d'un nombre intermédiaire de participants comportant une ou des décimales, même si, par forfanterie ou par malveillance, ils se traitent entre eux de... demi-portions ! L'être humain est indivisible – ou n'est pas.

143 La préposition *de* ne peut servir à tout

Selon des sources lettones, ce vote fait partie d'un ensemble de dispositions législatives qui pourraient mener à une demande de sécession de l'Union soviétique. (*le Monde,* 14 novembre 1989)

Certes, à l'Est, les événements évoluaient à une vitesse grand V au carré (au moins !), en cet automne 1989... mais pas encore au point de voir M. Gorbatchev solliciter des Républiques baltes l'autonomie en faveur du reste de l'Union soviétique ! En fait, il faut comprendre que la Lettonie souhaitait sortir du giron de l'U.R.S.S. pour recouvrer son indépendance d'antan – soit, dans un premier temps, obtenir un statut spécial digne de la fameuse « indépendance dans l'interdépendance » chère au subtil Edgar Faure. Cette notion eût été formulée de façon moins amphibologique si le rédacteur avait écrit : *mener à une demande de sécession D'AVEC l'Union soviétique.*

144 « Un moulin de café de bon état de marche »

Les hommes d'âge de raison ressentent le rallye [Paris-Dakar] comme une insulte. Ils se sentent foulés au pied. (un quotidien de Paris déjà trop cité ici en date du 23 décembre 1989)

Rapporter ainsi un propos tenu par l'abbé Pierre aurait pu également être considéré par celui-ci « comme une insulte » ; car il s'agissait d'une interview du fondateur des Chiffonniers d'Emmaüs. *Primo,* on ne dit pas *les hommes d'âge de raison* ; même si, de chic, l'abbé a pu improviser oralement cette expression, il convenait de l'interpréter pour la rendre lisible : *en âge de raisonner,* ou *ayant atteint l'âge de raison,* ou peut-être fallait-il entendre : *les hommes d'âge et de raison.* Secundo, la perfection est atteinte avec ce *foulés au pied* qui achève la phrase ; l'expression, bien connue, n'admet que le pluriel : *Ils se sentent foulés aux pieds.* C'est un peu l'impression du lecteur quand on l'accable de phrases mal bâties.

145 *Si* vaut mieux qu'*aussi*

À la première tentative [de fécondation in vitro], j'ai été enceinte. Aussi extraordinaire que cela puisse paraître, je n'ai absolument pas réalisé ma chance. (*France-Soir,* 26 juin 1989)

Nous ne chicanerons pas le rédacteur sur l'emploi du verbe *réaliser* au sens néologique de « comprendre » : les dictionnaires ont admis cet emprunt à l'anglais (*realize,* v. tr. Concevoir nettement, bien comprendre, s'apercevoir de, se rendre compte de : *Harrap's St. Fr. & Engl. Dict.*). C'est à propos d'*aussi* que nous le reprenons. *Aussi* est un comparatif, qui n'est pas correctement utilisable ici où il fallait seulement *si.* La bonne phrase eût été : *Si extraordinaire que cela puisse paraître...*

146 Des infinitifs qui se trompent de sujet

L'étoile de celui que l'on surnommait la « Lumière du Nord » [...] n'a cessé de pâlir depuis longtemps, après avoir été l'homme le plus populaire de la coalition. (éditorial paru dans un organe parisien du soir aux nombreux correspondants étrangers, 14 avril 1989)

Comment une étoile, même au sens imagé de « chance », de « destinée », peut-elle *avoir été* « un homme populaire », cela semble un grand mystère, en tout cas d'un entendement difficile. Si encore il se fût agi d'une étoile au sens de « vedette », de « star », de « danseuse ou danseur de talent et de renom », voire de John Wayne ou d'Yves Montand, l'assimilation aurait pu être envisagée, tolérée, mais pas ici... Non, l'on se trouve en présence d'une faute de construction. Il fallait écrire : ... *après qu'il eut été l'homme le plus populaire...* (*eut été* sans accent circonflexe sur l'*u,* bien entendu : verbe *être* au passé antérieur, donc auxiliaire *avoir* au passé simple –

simple – et non *eût* avec un *u* accentué comme dans l'imparfait du subjonctif et le second passé du conditionnel).

L'emploi, dans certaines propositions subordonnées, de l'infinitif au lieu d'un mode conjugué, est commode et élégant. Mais il n'est possible que si le sujet de l'infinitif est le même que celui du verbe dont il dépend. Lutter contre l'inobservation de cette règle est un rude combat, depuis les ravages causés par « *Genou, la lessive qui lave sans bouillir* » (car c'est le linge qui bout, ou bien l'eau, mais pas la lessive !).

147 À quand les plantes qui poussent sans pleuvoir ?

Sans être antinazi, on pouvait compter sur lui. (entendu à la radio le 13 février 1987)

Qu'a voulu dire au juste le journaliste ? D'après le contexte, dont nous n'avons pas enregistré une copie, il semble que le sens était : « Il n'était pas engagé vraiment dans la lutte contre les nazis ; cependant, le cas échéant, il serait venu en aide à ceux qui les combattaient. »

Encore un effet *Genou sans bouillir* ! Le sujet d'*être* ne peut être que le sujet de *pouvait compter,* c'est-à-dire *on.* Pour tout auditeur parlant un français honnête, la phrase « signifie » : même si l'on n'était pas antinazi, on pouvait compter sur lui. Or le sens est trahi par la mauvaise rédaction. La phrase correcte était : *Sans qu'il fût antinazi, on pouvait compter sur lui.*

148 Question de mode

Après qu'il ait levé l'option sur le 20 % du capital restant à vendre ... (*l'Idiot international,* 17 mai 1989)

Oui, nous entendons l'équivalent de cela à longueur d'émission télévisée ou... radiotisée, et nous le lisons à longueur de colonne. Il n'en reste pas moins vrai que c'est une faute de faire suivre *après que* d'un subjonctif. Les seuls temps corrects sont l'indicatif et le conditionnel. Ici, il fallait : *après qu'il eut levé,* ou : *après qu'il a eu levé.* Mais, si la phrase le permet, sont également licites : *après qu'il aura levé,* ou : *qu'il aurait levé,* ainsi que la conjugaison aux temps surcomposés : *aura eu, aurait eu.* Le seul cas où le subjonctif pourrait paraître excusable à la suite d'*après que* (mais des puristes le récusent) serait dans une phrase exprimant une simple hypothèse, une extrapolation, une donnée imaginaire.

REMARQUE : Dans la proposition citée, nous aurions écrit : *LES 20 % du capital* (ou bien : *le cinquième*).

NOTE : Si les *après qu'il ait* sont grammaticalement indéfendables, de même que les *après qu'il soit,* en revanche un argument peut plaider en faveur des *après qu'il eût* et des *après qu'il fût ;* il suffit de dire qu'on emploie là non pas l'imparfait du subjonctif, mais le conditionnel 2e passé, dont la conjugaison est strictement identique. Or, s'il est illicite d'utiliser l'imparfait du subjonctif derrière le groupe *après que,* l'emploi de tous les temps du mode conditionnel est parfaitement autorisé en pareil cas. Il est curieux que cet argument ait été négligé. Il serait pourtant sans réplique. En effet, on écrit sans commettre de faute : *je viendrais* [conditionnel présent] *après que vous seriez parti* [conditionnel 1er passé]. Donc, il ne serait pas irrecevable d'écrire : *je serais venu* [conditionnel 1er passé] *après que vous fussiez parti* [conditionnel 2e passé].

149 L'aide la plus efficace ou le plus efficace ?

C'est dans l'agriculture soviétique que la situation est la plus dramatique. (*France-Soir,* 4 juillet 1989)

Non ! Elle n'est pas *la plus* dramatique de toutes les situations présentes et à venir ; c'est *là,* c'est-à-dire *dans l'agriculture soviétique,* qu'elle est, cette situation (qui n'est comparée à aucune autre), *le plus* dramatique.

Comparons avec cette autre phrase :
Actuellement, c'est peut-être aux États-Unis que cette croyance est le plus étendue. (*France-Soir,* 17 juin 1989)

On le devine, ce n'est pas *étendue* que le lecteur attend, mais *répandue,* et nous pensons quant à nous que c'est là ce que le journaliste a voulu écrire (peut-être a-t-il dicté son texte et a-t-il été mal compris). Mais nous estimons devoir le féliciter d'avoir bien écrit *le plus,* et non *la plus* comme auraient fait trop de ses confrères. Il s'est gardé de confondre le superlatif de qualité (masculin *le plus,* féminin *la plus*) et le superlatif de situation (*le plus,* invariable). Car le sens n'est pas le même selon qu'on emploie l'un ou l'autre. Exemple : *c'est dans ce festival qu'Aurore fut la plus séduisante* (de toutes les comédiennes qui y participèrent) ; *c'est dans ce festival qu'Aurore fut le plus séduisante* (elle le fut plus que dans tous les autres festivals auxquels elle prit part).

REMARQUE : Certains auteurs transgressent cette règle, pourtant logique, en présence de certains cas ; ils hésitent à écrire : *fut le plus belle,* ou : *fut le meilleure.* Leur indiscipline est aussi honorable que le motif qui la détermine !

150 « Plus il y en a moins, le plus ça va mieux »

En un mot, mieux nous parlerons français, plus nous parlerons de langues étrangères, le plus de chances nous aurons de préserver [...] notre identité. (*le Monde,* éditorial du 18 février 1988)

Ainsi, en conclusion d'un article en faveur de la francophonie, l'auteur n'a rien trouvé de mieux que d'emprunter à l'anglais une de ses formules typiques : « le plus nous aurons » (*the most we'll have*), alors que le français impose : *plus nous aurons de chances* (sans article défini devant plus), seule forme correcte et compréhensible pour exprimer cette idée.

151 Qu'est-ce que c'est que ce « que ce que » ?

95 % des gens nous répondent qu'ils ont dépensé plus que ce qu'ils avaient prévu. (presse parisienne)

Une regrettable méconnaissance des ressources de la langue multiplie aujourd'hui l'emploi de cette locution : *plus que ce que,* alors qu'existe une tournure beaucoup plus élégante, que les journalistes et même les écrivains tendent à évincer. La phrase serait bien meilleure ainsi construite : *95 % des gens nous répondent qu'ils ont dépensé plus qu'ils n'avaient prévu.* Cette forme classique est plus parlante et plus légère, et pourtant en passe d'être ignorée par les usagers professionnels du français moderne.

Quant à la négociation de Vienne, [...] elle devrait [...] conduire à des résultats plus importants que ce qui était envisagé jusqu'à présent. (éditorial du *Monde,* le 23 novembre 1989)

On ne saurait, certes, taxer cette phrase de la moindre incorrection ; nous pensons seulement que Roger Martin du Gard ou Georges Duhamel, à plus forte raison Chateaubriand, auraient, en l'occurrence, écrit : *plus importants qu'il n'était envisagé jusqu'à présent* (à moins qu'ils n'eussent préféré : *plus importants que ceux qui étaient envisagés,* etc. : c'est affaire de goût).

L'homme [un homme parlant anglais tiré amnésique des eaux de la Somme] connaît beaucoup mieux le français que ce qu'il prétendait. (ouï sur La Cinq, à son Journal de 20 heures, le 2 janvier 1990)

Méconnaissance notoire de l'excellente et traditionnelle forme : *beaucoup mieux qu'il ne le prétendait.*

152 Je t'aime... Moi non plus

Le S.R.P.J. se refusait ce matin à tout rapprochement avec les deux détenus évadés de la maison d'arrêt de Rennes [...] qui, eux aussi, n'ont pas été retrouvés. (*France-Soir,* 25 août 1989)

À propos de « rapprochement », il est précisément recommandé d'en éviter un, entre l'adverbe *aussi* (= pareillement, également) et la négation ; le premier ajoute, la seconde retranche. Dans le cas cité ici, on devait écrire : *eux non plus,* et non « *eux aussi* ». De même, on dira : *ils partent en vacances, moi aussi ;* mais : *ils ne vont pas en congé, moi non plus.* Et si, plus veinard qu'eux, j'y vais, je dirai : *moi, si.*

153 Pas de sous-entendus avec les négations

Le véhicule n'est pas en surcharge et l'alcootest [du chauffeur] négatif. (*France-Soir,* 18 janvier 1989)

Le verbe *être* est employé ici négativement dans la première proposition, alors que, dans la coordonnée, il est sous-entendu affirmativement. Il faut donc, de façon impérative, répéter le verbe : *Le véhicule n'est pas en surcharge et l'alcootest du chauffeur est négatif.*

NOTE : Il est bon de garder en mémoire que le mot *Alcotest,* avec un seul *o,* est une marque appartenant à la société de RFA Drägerwerk AG et distribuée en France par Draeger-Brandt SA, de Strasbourg (dépôt du nom en Allemagne : 1953 ; international : 1961). Un arrêt du 8 décembre 1988 de la cour d'appel de Paris, publié par extrait dans *France-Soir* du 6 avril 1989 et dans cinq autres journaux, a condamné pour contrefaçon deux associations qui s'étaient servies du nom en y ajoutant un *o* *(Alcootest).* La graphie avec deux *o* est donc protégée par le dépôt du nom avec un seul.

Une négative abusivement métamorphosée en affirmative par la magie d'un sous-entendu, c'est ce qui est dénoncé dans la citation précédente. Nous retrouvons cela dans une publication de Walt Disney, si l'extrait qu'en donne *le Canard enchaîné* du 9 août 1989 est exact (et nous sommes peu enclins à en douter) :

Les pattes ne doivent pas dépasser le lobe de l'oreille et être coupées de façon nette.

Ainsi construite, la phrase semble vouloir dire que les pattes ne doivent ni dépasser le lobe de l'oreille ni être coupées nettement. Or, on devine bien que le rédacteur a voulu dire : *et doivent être coupées de façon nette.* Il s'est cru obligé d'éviter la répétition du verbe *devoir,* qui a ici fonction d'auxiliaire occasionnel, ce qui l'a conduit à exprimer le contraire de sa pensée.

La même faute encore, sempiternelle :
Il ne faut pas se tromper de porte, et savoir choisir son camp. (la Tournée des pages, éd. « le Canard enchaîné », 1989)

Le rédacteur voulait dire qu'il faut savoir choisir son camp, et ne pas se tromper de porte. Il a compté sur l'agilité d'esprit du lecteur pour convertir la négation de la première proposition en affirmation dans la seconde ; mais c'est un pari où la confiance l'emporte sur la circonspection, et qui n'est pas recommandable : mieux vaut une bonne répétition (ici, celle du verbe *falloir : Il ne faut pas se tromper de porte, et il faut savoir choisir son camp*) qu'une contradiction ou une ambiguïté dans le sens et dans l'analyse. Si l'on tient absolument à s'épargner la répétition, l'on doit mettre la proposition affirmative en premier.

154 Par un prompt renfort, il se retrouva plusieurs...

La très sérieuse unité de recherche en audiologie expérimentale de l'Inserm (Institut national de la santé et de la recherche médicale) met en garde contre l'usage abusif de cet ustensile de carnaval : le pétard rend sourd. Non seulement leurs utilisateurs, mais aussi les infortunés qui les subissent bien malgré eux. (*France-Soir,* 14 juillet 1990)

Rédaction maladroite. Le substantif *pétard* étant au singulier, il fallait au moins écrire : *Non seulement ses utilisateurs* (non pas : « *leurs* »), et : *qui le subissent* (et non « *les* »). Mais, même ainsi, le rapport syntaxique entre le singulier *sourd* et le pluriel *utilisateurs* est inanalysable. On reste perplexe devant « ces *utilisateurs* que le pétard rend *sourd* ». Il était si simple de renoncer à cette lourde élégance journalistique qui consiste à multiplier les phrases sans verbes, et d'écrire, tout bonnement : *le pétard rend sourds non seulement ses utilisateurs, mais aussi les infortunés...*

Il y a trois mois, nous avons signé avec Metro, un grand groupe de distribution ouest-allemand, une option de vente sur une partie de notre capital. Si B.T. souhaite aller plus loin dans le contrôle d'A..., c'est avec eux qu'il devra négocier. (même numéro du même quotidien)

Il fallait écrire : *c'est avec ce groupe-là* et non « *avec eux* », ce pronom pluriel recouvrant, on le suppose, les personnes qui composent ledit groupe. Il s'agit ici de l'abus d'une notion collective sous-entendue, peut-être excusable mais indésirable puisqu'il existait une façon explicite de s'exprimer.

155 Évitons donc de ne pas bien parler

Ces délégués voulaient qu'un geste soit fait pour éviter que la grève ne coûte pas trop cher aux agents de la R.A.T.P. (*le Canard enchaîné,* 14 décembre 1988)

Certes, on peut chicaner à propos du mode verbal ; il eût fallu écrire : *voulaient qu'un geste fût fait* (et non : *soit fait*) ; mais on est devenu si laxiste à ce sujet... (Voir p. 81). Ce n'est pas pour cela que nous avons épinglé cette phrase, mais parce qu'elle dit exactement le contraire de ce que l'auteur souhaitait exprimer. Il désirait dire : *pour que la grève ne coûte* (ou : *ne coûtât*) *pas trop cher,* et non « *pour éviter qu'elle ne coûte pas trop cher* », puisque cela aurait

laissé supposer que les délégués des agents de la R.A.T.P. voulaient ruiner leurs camarades ! Cela pouvait encore se dire autrement : ... *pour éviter que la grève ne coûte* (ou : *ne coûtât*) *trop cher*. Dans la première formulation, on enlève le verbe *éviter ;* dans la seconde, la particule *pas* est éliminée. Une de ces deux suppressions suffisait pour que la phrase rendît correctement la pensée de l'auteur. On peut également supposer que celui-ci avait écrit : *par trop cher* (et non : *pas trop cher*) et qu'une coquille malencontreuse avait changé le *r* en *s ;* auquel cas, la particule *pas* étant absente, le verbe *éviter* pouvait rester. Comme quoi une seule lettre à la place d'une autre peut modifier du tout au tout le sens d'une phrase essentielle à l'intégrité d'un texte.

156 J'ai bien peur qu'il ne manque un *ne*

Les trente-sept associations de défense de l'environnement et les municipalités [...] craignent que la plaine maraîchère de Montesson soit défigurée par une urbanisation sauvage. (dans un quotidien parisien du soir, 6 décembre 1988)

Avec le verbe *craindre* et ses synonymes, ou équivalents approximatifs, le *ne* dit « explétif » est obligatoire. Il fallait donc écrire : *craignent que la plaine* [...] *ne soit défigurée.*

157 N'être pas sans ignorer, c'est être sans savoir

Le garçon n'est pas sans ignorer, bien sûr, que la température de l'eau influe grandement sur la prolifération des poissons. (*France-Soir,* 9 décembre 1988)

Il est certain que l'auteur a voulu dire que le garçon dont il parle *savait* que la température de l'eau avait une influence sur la reproduction de la gent aquatique. Il devait donc dire que ce personnage *n'était pas sans le* SAVOIR – et non, certes, sans l'« ignorer », car, s'il l'eût ignoré, il aurait agi autrement. L'expression *Vous n'êtes pas sans ignorer que...* dans la bouche de quelqu'un qui veut dire : *Vous savez que...* est une des pires sottises qui se puissent proférer. On l'a cependant entendue à la radio, à la télévision, et même, enregistrée de façon indélébile, dans le dialogue de certains films. La lire dans un quotidien de Paris est un motif de tristesse. Il est évident que l'on ne commettrait aucune bévue si l'on entendait par cette expression : « Vous ignorez tout à fait, n'est-ce pas ?... » Mais, dans ce sens où elle serait correcte, elle n'a pratiquement pas d'emploi.

158 Rien moins que ou rien de moins que ?

Quelle est donc cette potion magique [...] ? Rien moins qu'une « leçon d'amour » qui doit permettre à l'homme [...] de se comporter en amant de rêve. (*France-Soir,* 29 septembre 1989)

Le rédacteur dit ici le contraire de ce qu'il souhaitait exprimer, car *rien moins que* est une locution négative, signifiant « nullement », « pas du tout ». Or, l'auteur voulait dire que cette potion magique était réellement une « leçon d'amour », c'est-à-dire *rien* DE *moins qu'*une leçon d'amour. En effet, la locution *rien de moins que* est affirmative, positive ; elle exprime la réalité de ce qui va suivre, contrairement à *rien moins que*. Exemples : *il est rien moins que polytechnicien* = il ne l'est pas ; *il n'est rien de moins que polytechnicien* = il l'est. Noter le *ne* négatif dans la proposition qui affirme, et son absence dans la proposition qui nie !

Cette méprise est très communément commise, même par des plumes honorables, parce que nombre d'usagers de la langue française ignorent cette subtilité. Nous les excusons volontiers : il faut chasser du langage les expressions équivoques ; aussi conseillons-nous vivement d'abandonner ces deux locutions-là, surtout celle qui ne comprend pas la préposition *de*. Leur paronymie et leur opposition introduisent une confusion qui est un facteur d'obscurité.

159 Jamais il ne pleure et rarement il rit

Rarement une émission de la télévision n'a autant fait prendre la plume aux téléspectateurs. (*la République du Centre,* 12 septembre 1989)
Rarement, depuis des années, un tel unanimisme n'avait imprégné le discours des Douze. (*France-Soir,* 29 novembre 1989)
Rarement les médecins [...] ne s'étaient montrés aussi catégoriques vis-à-vis d'un accusé. (même quotidien, le 20 novembre 1989)

L'adverbe de quantité *rarement* n'entraîne pas la négation, car une quantité rare n'est pas une quantité négative, elle est pour le moins modestement ou médiocrement positive. Il fallait écrire : *Rarement une émission a autant fait prendre ; Rarement un tel unanimisme avait imprégné ; Rarement les médecins s'étaient montrés.*

Changez l'ordre des mots, vous direz : *Une émission de télévision a rarement fait prendre la plume,* et non « *n'a rarement fait prendre la plume* »...

160 « C'est à l'amour auquel je pense... »

Atlantique, Méditerranée, Provence, Alpes, Massif central... autant de régions que d'élans amoureux. C'est de la France dont le groupe F... s'est épris. (*Télé 7 Jours,* 13-19 février 1988)

C'est de lui dont il me serait le plus facile de faire l'éloge funèbre (dans les feues *Digressions* d'un grand quotidien vespéral, le 26 avril 1989)

L'association de *de* et de *dont* constitue un pléonasme. Il faut employer *que* si l'on conserve le même début de phrase. *C'est de la France que le ..., C'est de lui qu'il me serait...*

C'est de la guerre dont vous parliez. (Jacques Prévert, *Paroles*)

Loin de nous l'outrecuidance de prétendre enseigner le français à Prévert, qui a fait exprès, à n'en pas douter, de « parler peuple », y compris avec les solécismes. Nous n'épinglerons la phrase ci-dessus, qui est un vers libre, que pour en faire ressortir le pléonasme. Celui-ci n'est pas dû à une inadvertance, comme c'est le cas dans de si nombreux écrits. La bonne forme est naturellement : *C'est la guerre dont vous parliez,* ou, mieux, *C'est de la guerre que vous parliez* (deux phrases qui n'ont pas la même signification). Répétons-le, *de* n'a pas à être répercuté dans *dont,* qui le contient déjà puisque *dont* signifie « de quoi » ou « de qui ». Il suffit d'une fois !

161 « De la syntaxe on en massacre souvent ses règles »

La vie quotidienne et tout ce qui en fait son environnement, social, économique et culturel, évoluent. (rubrique philatélique d'un grand quotidien départemental du Centre, 24 novembre 1988)

M. Leroi-Gourhan en était alors son président [de la Société préhistorique française]. (Yves Coppens, *Préambules, les premiers pas de l'homme,* éd. Odile Jacob, novembre 1988)

Exemples typiques de pléonasme : dans le premier, *en,* pronom adverbial, et *son,* adjectif possessif, se rapportent tous deux à *vie.* Il fallait écrire ou bien : *La vie et tout ce qui en fait l'environnement,* ou bien :

La vie et tout ce qui fait son environnement, mais à aucun prix on ne doit, en pareil cas, cumuler *en,* qui veut dire « de la vie », avec *son,* qui veut dire la même chose. De la même façon, on dira soit : *M. Leroi-Gouhan était alors son président,* soit : ... *en était alors le président.*

Autre aspect de la même faute :
...l'équipe de football locale, dont il devenait l'un de ses meilleurs attaquants. (*France-Soir,* 23 sept. 1989)

Inutile de faire ressortir davantage le pléonasme implicite de *dont* (= de l'équipe) cumulé avec *ses* (= de l'équipe). Le texte correct eût été : *l'équipe [...] dont il devenait un des meilleurs attaquants.*

Au lecteur maintenant, à titre d'exercice de bien-parler et de bien-écrire, de rectifier « de lui-même » les deux phrases boiteuses qui suivent :
Un homme quitte la ville. Il la fuit, plutôt. C'est un peintre. Il n'en supporte plus ses habitants. (chronique littéraire du *Canard enchaîné,* 16 août 1989)

... en hommage à Jean Cocteau, dont on célèbre cette année le centenaire de sa naissance. (rubrique théâtrale d'un quotidien parisien vespéral, à la date du 10 août 1989)

162 « C'est là que vous y habitez ? »

Dans notre édition du 5 septembre, R... S... y relatait l'aventure de quatre Orléanais sur le toit du monde. (*la République du Centre,* 19-20 septembre 1987)

Le pléonasme n'est pas à démontrer : l'adverbe *y* est tout à fait malvenu ici puisqu'il fait double emploi avec l'indication de lieu donnée plus haut et

qui se suffit à elle-même comme elle doit suffire au lecteur : *Dans notre édition du 5 septembre.* Dès l'instant qu'on sait où cette aventure a été relatée, il est fautif de le repréciser par ce *y* redondant et superfétatoire.

163 *Seulement* et *ne... que* ne se supportent pas

Ce n'est seulement que rétrospectivement, à la lumière de ce qui s'est passé par la suite, [...] qu'il peut se permettre de parler de « beaucoup d'isolats ». (*le Monde,* 31 mars 1990)

Le moins qu'on puisse dire est que voilà une phrase dont la clarté et l'élégance ne sont pas les principales qualités. De plus, elle recèle, comme un diamant noir, une faute énorme et bien connue.

Pour exprimer la restriction, le français peut recourir à l'emploi d'un adverbe comme *seulement,* ou *uniquement,* ou à l'emploi du système corrélatif *ne... que.* Les employer ensemble fait pléonasme. Il faut donc impérativement choisir entre *J'ai seulement cent francs* ou *Je n'ai que cent francs.*

Il est clair que, dans le cas de la phrase citée plus haut, la présence de l'adverbe *rétrospectivement* commandait d'éviter d'introduire un second adverbe en *-ment,* et d'opter pour *ne... que.* Mais on se retrouvait alors avec *Ce n'est que... que,* tour assez fréquemment employé, mais pas particulièrement léger. Mieux aurait valu, par exemple : *S'il peut se permettre de parler de « beaucoup d'isolats », ce n'est que rétrospectivement, à la lumière de ce qui s'est passé par la suite.*

164 Une interrogation qui pose question

[Dans ce colloque réunissant scientifiques et philosophes] quelles cloisons sont-elles tombées ? quels résultats ont-ils été obtenus ? (France-Culture, « la Science et les Hommes », le 21 mars 1990)

Cette formulation, d'une extraordinaire gaucherie, méconnaît les règles de la construction des phrases interrogatives, règles qui, il est vrai, ne sont pas d'une absolue simplicité.

Un certain nombre de mots interrogatifs admettent deux constructions : l'inversion du sujet ou, quand le verbe est à la troisième personne, le maintien du sujet avant le verbe et sa reprise par un pronom personnel : c'est le cas pour *où ? quand ? comment ? Où sont passées mes pantoufles ? – Où mes pantoufles sont-elles passées ? Comment fut construite cette maison ? – Comment cette maison fut-elle construite ?*

L'interrogatif *pourquoi* n'admet, semble-t-il, que la tournure non inversée avec reprise du sujet : *Pourquoi l'armée française fut-elle vaincue ?* et jamais « *Pourquoi fut vaincue l'armée française ?* »

Enfin les pronoms et adjectifs *qui ? quel ? lequel ?,* en fonction de sujet, interdisent et l'inversion et la reprise : *Qui a cassé le vase de Soissons ?* et non « *Qui a-t-il cassé le vase de Soissons ?* »

Les auditeurs de cette émission culturelle, philosophique et scientifique auraient dû entendre : *Quelles cloisons sont tombées ? Quels résultats ont été obtenus ?*

165 Problème d'antécédents

À quelques pas de là se dressent deux curieuses croix tombales en pierre datées de 1764, ornées de têtes de mort sculptées. Celle de gauche porte l'identité de Louise Huet, épouse de Mathurin Mercier, qui sont les grands-parents de Pierre, Félix-Élie et Lucrèce Mercier la Vendée. (Pierre Cochard, *Le Lion d'Angers en Anjou,* éd. Hérault, 1987)

Dans les dernières pages d'une très complète monographie consacrée à la commune du Lion-d'Angers, chef-lieu de canton de Maine-et-Loire, nous relevons cette construction quelque peu boiteuse. Il convient en effet d'avoir toujours en mémoire qu'une fois retranchées d'une phrase les incises, les appositions, le texte restant doit être logique, cohérent. Ce qui n'est pas le cas dans la phrase ci-dessus, puisque nous obtenons : « *Celle de gauche porte l'identité de Louise Huet qui sont les grands-parents...* »

Pour éviter cette petite erreur, il suffisait d'écrire : ... *Louise Huet, épouse de Mathurin Mercier et grand-mère de...,* les patronymes permettant de déduire que Mathurin Mercier était bien le grand-père non de Vincent, François, Paul et les autres, comme dirait un cinéphile, mais de Pierre, Félix-Élie et Lucrèce...

NOTE : On aurait dû écrire, avec un trait d'union (obligatoire) : *Le Lion-d'Angers...*

166 Scabreuse inversion

C'est la raison pour laquelle voit-il, en 1986, l'arrivée et l'implantation de la société Ch..., concurrente de la sienne, d'un très mauvais œil. (*France-Soir,* 17 juillet 1989, page 4)

Certains cerveaux se complaisent vraiment à fabriquer les phrases en recherchant la complication et le désordre, ce qui donne au total le *charabia.* On en a ici un spécimen. Au début, une inversion malvenue, ce *voit-il* qui ne s'insère pas dans la proposition, et, à la fin, un rejet intempestif nuisible à l'équilibre de la phrase. Il suffisait, et il était préférable, d'écrire : *C'est pour cela qu'il voit d'un très mauvais œil, en 1986, l'arrivée et l'implantation de la société Ch..., concurrente de la sienne.* Il ne faut pas mettre le français cul par-dessus tête.

167 Le mauvais sujet

M. Gorbatchev dispose d'un capital de chances très supérieur à la normale. Aussi sa visite en France le dispense-t-il [...] de devoir suivre le convoi de M. Andreï Gromyko. (*France-Soir,* 5 juillet 1989)

Le rédacteur a pris le complément pour le sujet. En effet, il devait écrire *Aussi sa visite en France le dispense-t-elle,* etc., et non « *le dispense-t-il* ». Dans la phrase commençant par *Aussi,* le pronom personnel *le,* complément direct, personnifie M. Gorbatchev, tandis que le pronom personnel *elle* représente, ou plutôt aurait dû représenter, le sujet, c'est-à-dire *la visite.* La chose, déjà évidente à l'analyse, se démontre encore mieux si l'on remplace l'adjectif possessif de la 3e personne *sa* par son équivalent de la 1re personne *ma ;* on ne dira pas « *Aussi ma visite me dispense-t-il* », le pronom *il* ne pouvant, en ce contexte, être affecté d'aucune fonction représentative ; on dira bien : *Aussi ma visite me dispense-t-elle.* Mais n'insistons pas : la cause est entendue.

Entendue ? Pas de tous, hélas ! Dans le même quotidien, le 18 du même mois, on a pu lire :

Le secrétaire général s'y refuse pour l'instant [à négocier]. L'ampleur du mouvement le décidera-t-il ?

Il est évident qu'il fallait écrire : *le décidera-t-elle,* car *le,* c'est le complément direct mis pour *le secrétaire général,* le sujet en inversion étant *elle* mis pour *ampleur* : *cette ampleur le décidera-t-elle à négocier ?*

168 Le zeugme ou l'attelage disparate

On peut parier et craindre que l'équilibre entre la capitale et sa banlieue [...] ne sera pas rétabli de sitôt ! (*le Monde,* 18-19 décembre 1988)

La phrase est boiteuse parce que, si le verbe *parier* peut admettre un futur (*sera*) dans sa subordonnée, il n'en va pas de même du verbe *craindre,* qui exige le subjonctif dans la sienne (il faut ici : *soit*). Ces deux verbes ne peuvent donc pas avoir une subordonnée commune ; on ne devait pas les accoupler, du fait de leur régime différent. Deux formulations correctes sont possibles ; ou bien : *on peut parier que l'équilibre* [...] *ne sera pas rétabli de sitôt, et craindre en effet qu'il n'en soit ainsi ;* ou bien : *on peut craindre que l'équilibre* [...] *ne soit pas rétabli de sitôt, et parier qu'en effet il ne le sera pas.* La seconde formulation est la meilleure, d'abord parce qu'il y a une progression normale entre *craindre* d'abord, *parier* ensuite ; mais aussi parce que la présence (nécessaire) de la particule *pas* dans chaque proposition exclut toute ambiguïté en confirmant le caractère ici négatif (et non explétif) de *ne* avec le verbe *craindre*.

La hâte journalistique fait proliférer la faute que nous dénonçons. En voici un autre cas :
Des cinéastes occidentaux ont su comprendre et se faire comprendre d'un pays [la Chine] encore si mystérieux pour nous. (*France-Soir,* 17 novembre 1988)

La formulation est vicieuse en ceci : *comprendre* est transitif direct – on comprend une chose, une idée – ; *se faire comprendre* est transitif indirect (intransitif dans l'ancienne classification grammaticale) – on se fait comprendre *de* quelqu'un.

La bonne formulation eût été : *ont su comprendre un pays encore si mystérieux pour nous et se faire comprendre de lui* (ou : *par lui*).

169 « Mes oncles et cousine germaine »

C'est l'engagement formel de nos douze années d'expérience, grâce à notre méthode et produits exclusifs... (publicité parue le 10 janvier 1990, dans la presse de province)

Le rédacteur voulait, apparemment, que l'adjectif pluriel « exclusifs » qualifiât à la fois le substantif féminin singulier *méthode* et le substantif masculin pluriel *produits,* et c'est pour cela qu'il a fait en sorte qu'un unique adjectif possessif – en l'occurrence, *notre* – leur fût commun. Mais c'était mal choisir : *notre,* qui est singulier, ne peut coiffer un pluriel. L'auteur aurait pu opter pour *nos,* sa phrase eût alors été correcte : *nos méthode et produits exclusifs,* forme bien laide, certes, et ambiguë de surcroît puisque laissant le lecteur ignorer si *exclusifs* qualifie seulement *produits* ou à la fois *produits* et *méthode.* Il pouvait échapper à ce dernier grief en écrivant : *nos produits et méthode exclusifs,* forme où, de façon indubitable, le qualificatif s'applique aux deux substantifs ; mais la phrase est à peine moins hideuse. Le moyen sûr d'éviter la faute consistait à redoubler le possessif (chaque fois précédé de la préposition *à*) en l'accordant en nombre, et à maintenir le qualificatif au pluriel, en modifiant l'ordre des substantifs : *grâce à nos produits et à notre méthode exclusifs.* Le rôle important et nécessaire de l'accord en nombre et en genre pour la clarté du français eût été, du même coup, mis en évidence.

Nous ne citons qu'en nous voilant la face cette belle hardiesse journalistique relevée voilà pas mal d'années dans une chronique provinciale :

Trois cycliste, vélomotoriste et piéton sont entrés en collision au carrefour de X...

La triade de substantifs au singulier derrière l'adjectif numéral *trois*, il fallait oser !

170 Pourquoi un seul mot quand deux font l'affaire ?

Je suis attachée à l'école laïque où j'ai été élevée, en Algérie d'abord, [...] puis ensuite quand nous nous sommes installés en région parisienne. (*France-Soir,* 27 octobre 1989)

Les premières feuilles jaunissent, puis ensuite toute la plante dépérit. (*Femme d'aujourd'hui,* 14-20 août 1989)

Léon Trotski organisa d'abord l'insurrection d'Octobre puis, ensuite, l'Armée rouge qui sauvera le régime de Lénine. (*Télé 7 Jours,* 5-11 mars 1988)

Faudra-t-il donc écrire, pour être certain de se faire bien comprendre : « et puis ensuite après postérieurement plus tard » ?

171 Où l'on met les points sur les i

Grâce au TGV Atlantique, les voyageurs gagneront dix minutes de sommeil en plus. (*les Cahiers de l'économie,* supplément au numéro du 29 septembre 1989 d'un quotidien du Loiret)

Ce qui serait tragique et surprenant à la fois, ce serait qu'ils les gagnent... en moins !

... une charge explosive télécommandée à distance (entendu au Journal de 13 heures sur FR3 le 23 novembre 1988, à propos d'un attentat à Madrid)

Bien que le préfixe *télé-,* du grec *têle* « loin », signifie précisément « au loin », « à distance », et que, de ce fait, on ne puisse dire *téléphoner à distance* sans commettre un grossier pléonasme, il est permis de dire : *téléphoner au loin,* ou : *téléphoner à grande distance,* parce que la relativité rend ici le pléonasme nécessaire. En effet, il arrive que quelqu'un téléphone tout près de chez lui, voire à son voisin de palier. En disant : *téléphoner au loin,* on précise que ce n'est pas une personne de la localité où l'on habite qu'on a appelée au bout du fil.

À la barre, tous les témoins sont unanimes. (*France-Soir,* 23 novembre 1989)

Du moment qu'il s'agit de « tous », comment pourraient-ils n'être pas *unanimes* ?

172 On prend les mêmes...

Pour convaincre de sa volonté d'aller de l'avant, la direction a décidé de renoncer à l'ancien emblème du SED et d'accélérer le « nettoyage » des anciens cadres. Quatorze anciens dirigeants ont à nouveau été exclus dimanche par la commission d'arbitrage du parti. (*le Monde,* 23 janvier 1990)

La maladresse de rédaction qui a subsisté ici n'apparaît peut-être pas très clairement. Pourtant, il y a bien, dans la seconde phrase, une amphibologie dommageable ! Une rigoureuse analyse du texte conduit à deux hypothèses : *a)* déjà exclus une première fois, les quatorze dirigeants en question ont de nouveau été bannis de leur parti, et l'on est autorisé à penser que c'est pour des motifs différents qu'ils se trouvent ainsi doublement écartés ; *b)* pour la seconde fois, des dirigeants au nombre de quatorze ont été chassés du SED (devenu SED-PDS, d'ailleurs), cette malédiction attachée au nombre 14 étant tout de même bien curieuse...

Plus simplement, il fallait écarter cette explication à deux têtes trompeuses, et modifier la phrase en ces termes : *Dimanche, à nouveau, des anciens dirigeants (au nombre de quatorze, cette fois) ont été exclus.*

173 Qui fait quoi ?

Rocard avait envoyé aux ministres une lettre circulaire pour menacer ceux qui viendraient à parler de réduire leur budget. (*le Canard enchaîné,* 10 août 1988)

Ce texte contient une amphibologie, c'est-à-dire peut être compris de deux façons. On peut comprendre :

– ou bien que Rocard menaçait d'une réduction de leur budget ceux des ministres qui viendraient à parler (le verbe *parler* étant employé absolument, au sens de « bavarder », « en dire trop ») ;

– ou bien que, si des ministres parlaient de réduire leur budget, Rocard les avertissait sur un ton de menace (ici, c'est le verbe *menacer* qui serait pris au sens absolu, puisqu'on ne sait pas de quoi il les menaçait au juste).

On dira que le lecteur ne peut guère s'y tromper, attendu qu'il doit être peu fréquent qu'un ministre parle de réduire son budget. Cela est vrai. Il s'agit donc d'une amphibologie tout à fait mineure et vénielle ; elle a échappé à l'auteur qui l'a commise, et il doit en être absous. Elle n'en est pas moins réelle.

Pour l'éliminer, il importe de modifier l'ordre des facteurs : *Rocard avait envoyé aux ministres une lettre circulaire menaçant de réduire leur budget ceux qui viendraient à parler.*

174 De qui donc est ce son ?

Son patron et son épouse sont en prison. (*France-Soir,* 12 décembre 1989)

Comment comprenez-vous cette phrase ? En l'absence de contexte, elle réfère manifestement à une personne qui, par une fatale coïncidence, a vu les rigueurs de la justice s'abattre en même temps sur le chef d'entreprise dont il est l'employé et sur la dame dont il est le mari. Le contexte indique qu'il n'en est rien. L'adjectif possessif *son* se rapporte à deux personnes différentes. *Son patron :* il s'agit du patron d'une jeune fille retrouvée morte dans le lac Léman ; *son épouse :* il s'agit de l'épouse du susdit patron. Il fallait écrire : *Son patron et l'épouse de celui-ci.*

175 Un sans-faute entièrement raté

Depuis le collège international sur la traite de Nantes (sic), *[...] les hauts lieux de la traite triangulaire sont devenus comme autant de repères dans le ressaisissement de la mémoire historique par elle-même en l'un de ses impensés les plus tenaces.* (un grand quotidien parisien du soir daté du 27 décembre 1989)

On peut appeler *charabia* des phrases comme celle-ci, qui n'est pas incorrecte mais emberlificotée et pédantesque, car il s'agissait tout simplement de faire entendre que les villes qui, comme Nantes, ont dû leur fortune au trafic des esclaves avaient longtemps préféré ne plus s'en souvenir, mais qu'aujourd'hui la mémoire leur revenait, à quelques générations de distance !

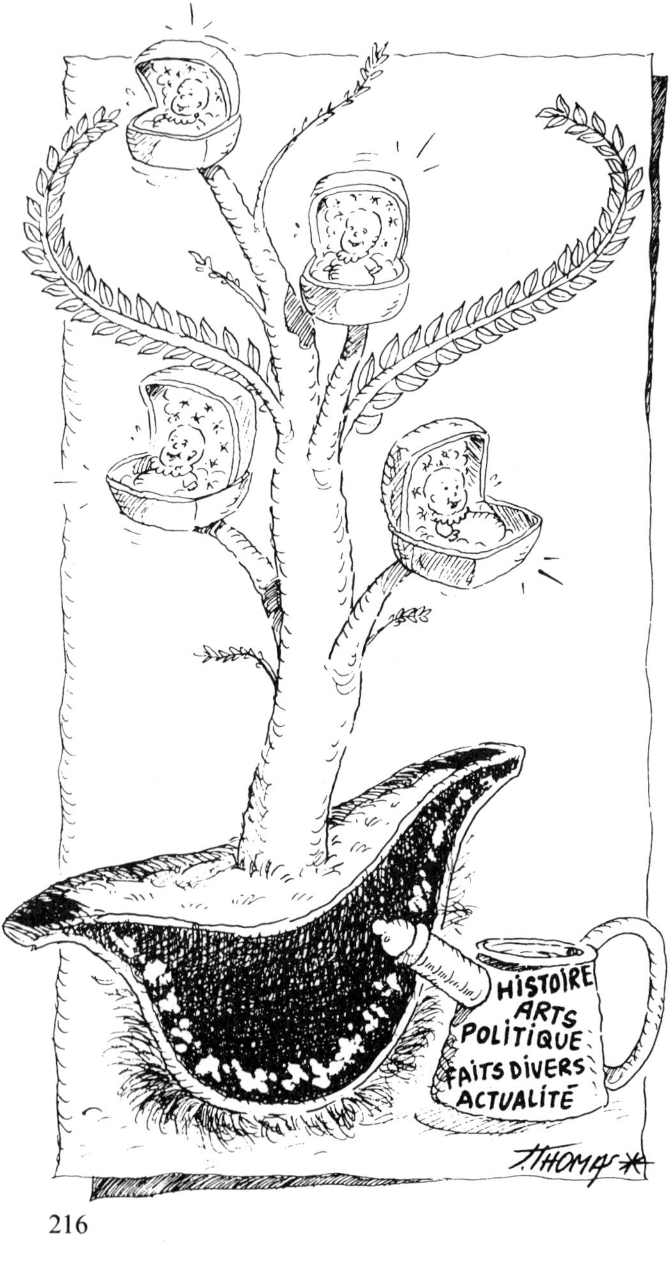
HISTOIRE
ARTS
POLITIQUE
FAITS DIVERS
ACTUALITÉ
J. THOMAS

IX. Perles de culture

Tout le monde ne peut pas être Giovanni Pico Della Mirandola – autrement dit Pic de La Mirandole, le plus fameux érudit de l'Histoire... Et cela, même si, en dépit de son fabuleux savoir, l'humaniste italien n'était pas omniscient. Personne ne peut tout connaître, et c'est tant mieux puisque, ainsi, tous les jours permettent à chacun d'enrichir ses connaissances, de faire des découvertes... pour peu que l'on ait l'esprit curieux, que l'on soit animé du désir d'apprendre et de comprendre.

Non, personne ne peut tout connaître, notamment ceux et celles qui n'ont pas eu la chance de naître dans une famille aisée, culturellement favorisée ; qui n'ont pas eu la possibilité de poursuivre des études, en particulier en raison d'une situation familiale difficile...

Mais, lorsque l'on se mêle d'écrire (écrivains, journalistes...), il vaut mieux s'appuyer sur une solide culture générale – même si l'on se cantonne à un seul domaine. À tout le moins, qu'on veille scrupuleusement à l'authenticité, à la véracité, à la fiabilité, des faits que l'on rapporte. Si l'on a le moindre doute, qu'on vérifie dans les dictionnaires et encyclopédies, que l'on consulte les spécialistes de la question... Il n'y a pas de déshonneur à reconnaître ses lacunes !

Contrairement à ce que croit le grand public, peu au fait de l'exercice de cette profession, les correcteurs ne doivent pas seulement effectuer une lecture critique en ce qui concerne l'orthographe, la grammaire, l'orthotypographie, la syntaxe... : ils sont aussi là pour détecter la moindre erreur en tous domaines : histoire, arts, politique, sports, actualités, informations générales, etc.

Les « puits de science » eux-mêmes étant faillibles, on a vu à plusieurs reprises, dans la presse, apparaître le nom d'un certain Léon Cavallo, musicien de son état. Las ! Il s'agit là d'une « hénaurmité » qui chagrine et fâche les mélomanes : l'auteur de *Paillasse* n'est autre que le compositeur italien Ruggero Leoncavallo...

Laisser passer une erreur, cela relève de la faillibilité de l'être humain. En ajouter, pour un journaliste ou pour un correcteur, c'est commettre une bévue plus fâcheuse. Nous mentionnerons ainsi la malencontreuse intervention d'un secrétaire de rédaction qui – assurément peu intéressé par l'histoire de France – « corrigea » en *E.M.S.* le nom de la ville allemande d'*Ems,* dans un article où il était bien entendu question de la célèbre *dépêche d'Ems,* nom donné au texte provocateur publié par Bismarck le 13 juillet 1870. Texte qui allait déclencher la guerre de 70...

Sans se renseigner auprès de ses collègues, sans ouvrir de dictionnaire, notre journaliste, d'autorité, avait rectifié l'orthographe de ce qu'il croyait être le nom d'une agence d'information : *E.M.S.* – sur le modèle d'*A.P.* (Associated Press), d'*A.F.-P.* (Agence France-Presse)... !

Dans une encyclopédie destinée aux jeunes, la formule pourtant bien connue du maréchal Bugeaud : *par le fer et par la charrue* (l'Algérie sera pacifiée par la force et aussi grâce au développement de l'agriculture) est devenue *par le fer et par le charme* – mot d'ordre qui rappelle « par la carotte et par le bâton ».

Des traductions hâtives de l'anglais aboutissent à des méprises que laisse parfois filer un correcteur distrait, ou très fatigué. *Mexico* équivalant, en espagnol ou en anglais, soit à « Mexique », soit à « Mexico », on a vu ainsi – curiosité géographique – un *golfe de Mexico* (... alors que la capitale de l'État mexicain se situe à quelque 200 kilomètres de la côte la plus proche !).

Un exemple savoureux, encore, rapporté par *le*

Canard enchaîné du 31 janvier 1990 et pris dans *Nice-Matin Corse-Matin* daté du 24 janvier : il y est question des *héros de Normandie Yémen* ! On veut croire que tous les lecteurs auront rectifié d'eux-mêmes, comme on dit, et deviné qu'il ne pouvait être question que des combattants – français – de l'escadrille aérienne « Normandie-Niémen », constituée en septembre 1942 et engagée sur le front germano-soviétique de 1942 à 1945.

*
* *

176 Cet homme, c'est Tom !

Il y a un dessin animé à la télévision. Brian hausse le ton en soupirant. Cet homme qui court après Jerry, une hache à la main. (*Libération,* 15 août 1989)

Certes, les sténographes de presse qui prennent hâtivement au téléphone le texte des correspondants d'un journal à l'étranger peuvent se laisser surprendre par une identité de sons entre deux phonèmes, mais à quoi pensaient les rédacteurs, secrétaires de rédaction et correcteurs de *Libé* ce jour-là ? !... Il faut croire qu'aucun « fan » de *cartoons* – pardon, de dessins animés ! – n'était présent, car personne ne paraît s'être aperçu qu'il ne pouvait que s'agir des désopilants *Tom* le chat et Jerry la souris, personnages bien connus des téléspectateurs et des cinéphiles. Ce qui a donné lieu à ce non moins exhilarant quiproquo : *Cet homme.../C'est Tom...,* effet d'un jeu de mots involontaire dû à deux syllabes homophones... et à l'incompréhension d'une auditrice au téléphone, laquelle n'est sans doute pas une habituée du petit couple animalier ennemi-copain créé dès 1936 par Bill Hanna et Joe Barbera.

177 Une zone pour une autre

La zone franc de Calon, fait de Panama le Hong Kong de l'Amérique centrale. (*Le Figaro Magazine,* 20 mai 1989)

Négligeons la virgule stupide qui, après *Calon,* sépare sans logique aucune le verbe de son sujet, et intéressons-nous plutôt à la confusion contenue dans cette légende de photo portant sur le canal de Panama... Car ce n'est pas le mot *franc* qui convenait, ici, mais bien l'adjectif féminin *franche.* En effet, la zone du canal de Panama n'a pas pour unité monétaire le franc (français, belge ou luxembourgeois), même si des Français s'intéressèrent de fort près au percement et à la construction du canal ! En réalité, *Colón* (et non *Calon*), ville de 80 000 habitants environ, située dans une enclave de la zone du Canal, et qui s'est appelée autrefois Aspinwall, est, comme d'autres ports ou portions de territoire à travers le monde, un lieu exempt de taxes, d'impositions, de charges, etc. C'est donc bien l'adjectif *franche* qui s'imposait en l'occurrence pour exprimer correctement la pensée de l'auteur.

178 Un conique qui n'en a pas l'air

Jusqu'au XIe *siècle, le gallois, le conique et le breton armoricain n'étaient que trois dialectes d'une même langue : le brittonique insulaire.* (J. Markale, *Brocéliande et l'énigme du Graal,* Pygmalion, 1989)

Nous ne pensons pas que l'auteur ait réellement introduit dans sa note ce singulier *conique,* qu'il faut évidemment remplacer par *cornique,* nom du dialecte celte de la Cornouailles. – Profitons de l'occasion pour rappeler qu'on écrit *Cornouailles* avec un *s* final quand il s'agit de la péninsule qui forme l'extrémité sud-ouest de l'Angleterre (en anglais *Cornwall*), mais *Cornouaille* sans *s* final quand on veut désigner la région du Finistère dont Quimper est la ville principale.

179 « T'as-t-y vu en hâte Haïti ? »

Dans le journal politique *Demain notre 18e,* numéro 67, novembre 1988, ce titre : *L'art naïf tahitien,* alors que l'article qu'il coiffe traite de l'art naïf *en Haïti...* Superbe effet de la paronymie entraînant une confusion entre *Haïti,* île des Antilles, siège d'un État indépendant (et même de deux États, puisque la République dominicaine en occupe la partie orientale), et *Tahiti,* principale île de l'archipel polynésien de la Société, territoire français d'outre-mer ! Rappelons qu'*Haïti,* capitale Port-au-Prince, est francophone, alors que la République dominicaine, sa voisine, capitale Saint-Domingue, est hispanophone. Saint-Domingue fut également le nom de l'île entière, autrefois. Quant à *Tahiti,* où se trouve le chef-lieu de la Polynésie française, Papeete, ce fut un royaume indépendant jusqu'en mars 1843, date de la ratification du protectorat français, prélude au statut de colonie instauré en 1880 et transformé en celui de T.O.M. en 1946 avec plusieurs archipels du Pacifique Sud.

Voir p. 65 ce qui est dit à propos de l'élision (obligatoire) devant *Haïti.*

180 Jean Chouan ou Jeanne Chouane ?

Arrêté, il s'évade, rejoint Cadoudal et Chouane dans le Maine et en Anjou, en 1798-1799. (« quatrième de couverture » des *Mémoires d'un chouan,* de Claude-Augustin Tercier, Tallandier édit., 1989)

Le lecteur peu au fait des guerres de Vendée déduira, à la lecture de ce texte, qu'aux côtés du fameux Georges Cadoudal combattait un moins connu Isidore, Théodule ou Sigismond Chouane... En réalité, il en est ici comme de ce désopilant *général Staff* qui apparaît de temps à autre dans la presse par la grâce – ou plutôt l'ignorance – des journalistes, des secrétaires de rédaction, des typos ou des correcteurs, en lieu et place du légitime *general staff* (= état-major général) (Voir *le Français écorché,* Belin édit., 1988, p. 32).

Dans ce cas nouveau, la négligence est seule en cause : il fallait absolument une minuscule à *chouane* (forme verbale de *chouaner*), tandis qu'une virgule après *Cadoudal* aurait été bienvenue (quoique non obligatoire) : *Arrêté, il s'évade, rejoint Cadoudal, et chouane...*

181 D'un calcaire ignoré on fait un architecte

Sous une voûte de Tuffaut, le visiteur est assuré de trouver un peu de fraîcheur. (*Ouest-France,* 4 août 1989)

Le lecteur un peu curieux se demandera aussitôt quel procédé un bâtisseur, un architecte, du nom de Tuffaut a bien pu mettre au point pour que les visiteurs, accablés par la canicule que nous endurions en ces mois de juillet-août 1990, puissent trouver ici une fraîcheur garantie...

En fait, on se trouve encore devant une bévue du type « général Staff » ! Car, bien entendu, cette voûte saumuroise est en *tuffeau* (ou *tufeau :* le Petit Larousse retient les deux orthographes), c'est-à-dire en cette roche calcaire contenant des grains de quartz qui est très répandue en pays de Loire. Même si la copie (manuscrite ?) de l'auteur était fautive, on s'étonne de voir semblable erreur paraître dans le quotidien ayant le plus gros tirage de France.

182 Un nez auquel il manque un pied

Un nez... Ah ! mes seigneurs, quel nez que ce nez là ! On ne peut voir passer pareil nasigère sans s'écrier « Oh ! non, vraiment, il exagère ». (Magazine *Arts-Spectacles* encarté dans *le Monde* du 27 juillet 1989)

Le *Cyrano de Bergerac* d'Edmond Rostand est cité là d'une manière incorrecte. L'erreur initiale est d'avoir composé ce passage comme s'il s'agissait de

prose. Des vers se placent l'un au-dessous de l'autre ; si c'est impossible ou inopportun, on doit les séparer par une barre de fraction (/) en mettant à chacun (nous parlons de vers classiques ou assimilés) une majuscule au début du premier mot. Mais il y a ici une erreur plus notable : il manque un pied au deuxième vers, de sorte que cet alexandrin est boiteux. Rostand a écrit : *On ne peut voir passer un pareil nasigère,* et l'ablation de l'article indéfini *un* estropie la tirade du malheureux Ragueneau !

Signalons par la même occasion quelques bévues mineures. Rostand a écrit *messeigneurs* en un seul mot, et non en deux ; c'est l'usage de coller l'adjectif possessif *mon, ma, mes,* dans les mots *monsieur, madame, mademoiselle, monseigneur,* et dans leur pluriel. En outre, Rostand a bien mis un trait d'union (-) à : *ce nez-là,* un deux-points (:) après *Sans s'écrier,* enfin un point d'exclamation (!) après *exagère.*

Toute citation doit être rigoureusement exacte, sinon elle perd de sa valeur démonstrative.

Rostand n'a décidément pas de chance avec les citations. Rappelons que, dans notre *Français pratique* (édit. Solar, 1979), nous avons signalé celle dont la regrettée Émilie Carles faisait état à la page 7 de son livre *Une soupe aux herbes sauvages* (Jean-Claude Simoën éd., 1978), fait de propos recueillis par Robert Destanque. L'auteur reproduisait ainsi, donc infidèlement, un vers de l'hymne au soleil inclus dans le *Chantecler* que Rostand fit jouer en 1910 : « *Ô soleil toi sans qui les choses ne seraient pas ce qu'elles sont.* » Naturellement, l'auteur de *Cyrano* ne pouvait commettre une telle platitude ; restituons-lui le distique dans sa version correcte :

Ô soleil, toi sans qui les choses
Ne seraient que ce qu'elles sont !

Avec *pas,* le vers vaut moins que rien ; avec *que,* c'est une trouvaille de génie.

Combien de fois n'a-t-on pas vu citer ainsi, inexactement, un vers du *Tartuffe* de Molière (acte III, scène II) : *Cachez ce sein que je ne saurais voir !*

La plupart des lecteurs ne réagissent pas, mais les comédiens savent bien, eux, que Molière a employé le verbe *couvrir*, et non le verbe *cacher :*

Comment ? — Couvrez ce sein que je ne saurais [*voir.*

Une faute d'un genre voisin consiste à attribuer à un écrivain une citation qui appartient en fait à un autre. Par exemple, on a trouvé cent fois cette assertion : *Comme le dit Boileau, l'ennui naquit un jour de l'uniformité.* Or cet alexandrin est extrait d'une des *Fables* (1719), intitulée « Les amis trop d'accord », d'Antoine Houdar de La Motte, dit La Motte-Houdar (1672-1731). De même, on attribue parfois à La Fontaine des titres de fables qui appartiennent à Florian : on ne prête qu'aux riches.

183 Sébastopol, Odessa, par là, quoi !

C'est hier à Sébastopol, en Crimée, que le croiseur Thomas Gates *a fait une entrée des plus remarquées. Les habitants de la ville, grands et petits, se sont massés sur les marches de l'escalier immortalisé par le film* le Cuirassé « Potemkine » *pour saluer le navire de guerre.* (*France-Soir,* 5 août 1989)

Bien qu'il s'agisse ici de cinéma et non de littérature, on est fondé à considérer cette légende comme un exemple de citation infidèle. En effet, *le Cuirassé « Potemkine »,* le film réalisé en 1925 par S. M. Eisenstein, ne montre pas un escalier situé à Sébastopol, mais à Odessa, lieu d'une mutinerie et d'une révolte populaire dans le cadre d'un épisode de la révolution avortée de 1905.

184 **Le premier millésime d'un siècle**

George Washington meurt dans les derniers jours de décembre 1799, avec le siècle (*le Monde*, 30 avril-2 mai 1989)

Rien là qui écorche le français, certes ; c'est la logique qui est égratignée. En effet, le XVIIIe siècle n'a point pris fin le 31 décembre 1799, mais bien le 31 décembre 1800. Réfléchissons : le Ier siècle a commencé le 1er janvier de l'an 1 de notre ère et s'est achevé le 31 décembre 100, et non le 31 décembre 99, sinon il n'aurait eu que quatre-vingt-dix-neuf ans, ce qui, pour un siècle, est, dirait Cyrano, « un peu court, jeune homme » ! Il s'ensuit que, dix siècles plus tard, le XIe siècle commence le 1er janvier 1001 et finit le 31 décembre 1100. Et ainsi de suite : le XIXe siècle s'ouvre au jour de l'an 1801 et se termine à la Saint-Sylvestre de 1900 ; ce qui fait que notre XXe siècle a vu le jour à l'aube de 1901 et finira avec le mois de décembre 2000, le XXIe ne débutant que le 1er janvier 2001, et non 2000 comme trop de gens le croient.

REMARQUES : 1° Victor Hugo lui-même est tombé dans le piège en écrivant dès le premier vers des *Feuilles d'automne* : « Ce siècle avait deux ans ! », alors qu'il évoquait sa naissance survenue le 26 février 1802. « Ce siècle », le XIXe, n'était commencé que depuis un an et cinquante-sept jours. — 2° Pour que l'an 2000 soit le premier du XXIe siècle, il faudrait qu'il y ait eu un an 0 (zéro) entre l'an 1 av. J.-C. et l'an 1 de l'ère chrétienne ; il ne semble pas que cette année fantôme ait jamais figuré dans aucune chronologie : le 1er janvier 1 succède sans solution de continuité au 31 décembre « moins » 1...

185 **Drôle de drôle de guerre**

Quelle belle idée que d'avoir réuni ces textes « parisiens » d'Eugène Dabit, qui a si bien aimé et décrit le peuple de Paris du début du siècle, du temps qu'il y avait encore des fortifs à défaut de barrières ! [...] Ah ! le métro pendant la « drôle de guerre » ! Il y avait déjà des musiqueux qui y faisaient la manche. [...] Ces petits textes de Dabit, eux, évoquent les images de Jean Renoir, la silhouette de Michel Simon. (chronique littéraire du *Canard enchaîné,* 22 juillet 1987)

Eugène Dabit, mort en 1936, n'a pu connaître le métro pendant la « drôle de guerre », qui dura du début de septembre 1939 au 10 mai 1940. – Noter que Dabit mourut à Sébastopol pendant un voyage qu'il effectuait en Union soviétique, et non à Stockholm, comme une « coquille » l'a fait dire au Grand Larousse vendu par livraisons en 1960, erreur réparée dans les éditions suivantes.

186 Un éléphant, ça trompe...

Au moment où l'opéra de la Bastille est mis sur les rails et où l'on voit déjà son architecture sortir de terre, il est plaisant de se souvenir qu'après la destruction de la prison bien des projets furent imaginés [...]. Napoléon aima particulièrement l'idée de l'architecte Alavoine d'une fontaine en forme d'éléphant. La maquette fut exécutée en plâtre, grandeur nature, et installée sur la place (à l'emplacement du futur opéra). Les lazzis qui entourèrent ce monument n'ont d'égales, à notre époque, que les critiques qui accueillirent la mise en place des colonnes de Buren. Et Victor Hugo, dans les Misérables, *s'en moqua également tellement que l'éléphant fut abandonné, entouré de palissades et laissé à la pourriture jusqu'en 1830, où la révolution de Juillet le remplaça par la colonne.* (*France-Soir,* 1er août 1987)

Nous pourrions opposer de menues critiques à ce texte ; faire observer par exemple que, lorsqu'il s'agit de l'édifice théâtral, il faut écrire *Opéra,* avec un *O* majuscule, la minuscule étant réservée à l'œuvre lyrique : *un opéra de Wagner, l'Opéra de Vienne*. De plus, il est très inélégant de mettre bout à bout deux adverbes en *-ment* (*également tellement*). Mais ce sont là broutilles à côté du monstrueux anachronisme contenu dans cet article. Comment l'opinion de Victor Hugo, exprimée dans *les Misérables* qui parurent en 1862, aurait-elle pu avoir une influence, en 1830, sur le sort de l'éléphant de la Bastille, qui ne fut d'ailleurs détruit qu'en 1847 ? D'ailleurs, il est fortement exagéré de prétendre que le pachyderme mannequin dressé en 1813 sur la place de la Bastille n'ait inspiré que dérision à Victor Hugo, qui, dans son immense roman, écrivit : « Dans cet angle désert et découvert de la place, le large front du colosse, sa trompe, ses défenses, sa tour, sa croupe énorme, ses quatre pieds pareils à des colonnes faisaient, la nuit, sur le ciel étoilé, une silhouette surprenante et terrible. [...] C'était une sorte de symbole de la force populaire. » On ne peut dire que ce soient là des termes de moquerie. Enfin, il est faux que la maquette ait reproduit l'animal « grandeur nature » : elle avait 14 mètres de hauteur ! Notons que la reconstitution qu'en a fait faire le conseil général du Nord et qui fut exposée au jardin des Tuileries, à Paris, du 17 au 27 août 1989, dans le cadre de la célébration du bicentenaire de la Révolution française, après avoir été montrée à Lille et à Dunkerque, et avant de l'être à Bruxelles, mesurait 9,80 m (12,70 m avec l'escalier). Or, la taille maximale de l'éléphant d'Asie est de 3 mètres, celle de l'éléphant d'Afrique de 3,50 mètres.

187 César était un Jules, mais pas un empereur

... les légionnaires de l'empereur romain César. (lu sur la pancarte officielle en bordure de la route départementale 780, du tumulus de Thumiac, en Bretagne, qu'on appelle aussi « la butte de César »)

Il faut rappeler ici que Jules César n'a jamais été empereur. Sous la République romaine, le titre d'*imperator* était décerné « par l'armée ou par le sénat à un général victorieux jusqu'à son triomphe » (Grand Larousse encyclopédique). Jules César reçut le titre d'*imperator* à vie. Cela équivalait à peu près à la dignité de « maréchal de France » à laquelle sont promus dans notre pays des généraux ayant combattu victorieusement. César avait vaincu beaucoup d'ennemis et de rivaux. Revenu des Gaules en 49 av. J.-C., s'étant arrogé des pouvoirs de dictateur après le passage du Rubicon, il aurait probablement établi à Rome une monarchie s'il n'eût été assassiné aux ides de mars 44. Pourtant, la République, troublée par l'agitation des ambitieux, lui survécut jusqu'à la prise du pouvoir par Octave, petit-neveu de César (27 av. J.-C.), qui est, en fait, le premier

empereur romain, sous le nom d'Auguste. Nous avons signalé cette erreur au ministère de la Culture dans une lettre qui est demeurée sans réponse.

188 Mésaventure en Birmanie

Quand le général Stiwell a été refoulé à Burma... (sous-titre français du film *Aventures en Birmanie,* de Raoul Walsh)

Comme si Burma était une ville, alors que *Burma* est le mot anglais pour dire « Birmanie ». Les philatélistes, entre autres, connaissent bien les timbres birmans portant, au temps de la colonisation britannique, les mots : « Burma Postage », et, depuis l'instauration de la république, les mots : « Union of Burma ».

189 De quoi perdre le nord

À l'est de Java.

C'est le titre d'un film à grand spectacle qui a pour principal centre d'intérêt l'éruption du Perbuatan, volcan situé dans l'île de Krakatau ou Krakatoa, en Indonésie. Cette éruption, en 1883, fit voler l'île en éclats, et les cendres projetées en l'air firent trois fois le tour du globe. Or, si l'on regarde la carte, on constate que l'île Krakatau et son volcan ne se trouvent nullement à l'est de Java, c'est-à-dire à droite, mais tout à fait à gauche, c'est-à-dire à l'ouest ! Pourquoi ce titre de film en désaccord avec la mappemonde ? Il semble bien qu'il n'y ait d'autre raison que celle-ci : le mot *est* a paru aux producteurs plus euphonique que le mot *ouest*. Si ce motif est vraiment celui qui a prévalu, avouons qu'il manque un peu de sérieux : le « Far West » sonne-t-il plus mal, dans le cinéma américain, que la « côte Est » ? Sûrement pas... Ou rechercha-t-on une ambiguïté avec *À l'est d'Eden,* film à succès tiré d'un roman de John Steinbeck ? Allez savoir ! Mentionnons que, lors de la sortie du film, nous avons signalé l'anomalie à l'ambassade d'Indonésie en France, lui demandant si le gouvernement de Djakarta comptait intervenir ; le service culturel de l'ambassade nous a répondu sur un ton détendu et résigné : l'hérésie géographique avait certes été remarquée, et même reprochée aux responsables, mais sans résultat ni réaction, alors... que voulez-vous ?... il est des choses plus graves ! Sans aucun doute. Du moins, en l'occurrence, si la fiabilité des planisphères en prend un fameux coup, le français, lui du moins, n'est pas malmené.

190 Les concombres ne sont pas des mammifères

Un aérosol répulsif, délivré en pharmacie, permet aujourd'hui de se mettre à l'abri des piqures d'aoûtats. [...] *Ces minuscules insectes* [...] *sont particulièrement abondants en septembre.* [...] *Pour soigner les piqures d'aoûtats...* (*France-Soir,* 22 septembre 1989)

Toute petite observation qui fera sourire ou enrager les militants de la suppression de l'accent circonflexe : ce signe doit coiffer l'*u* du mot *piqûre* ; la raison en est qu'en français, et en début de syllabe, la lettre *q* n'est employée que suivie d'un *u* muet (ex. :

carquois, quêter, taquin, etc.) ; or, dans *piqûre,* qui est le seul vocable présentant ce cas, l'*u* est sonore. Plutôt que d'écrire *piquure* avec un double *u,* on a surmonté cette voyelle du petit chapeau honni par certains de nos compatriotes et en passe d'être officiellement banni, précisément sur l'*u* de *piqûre.*

Mais ce sont là des vétilles. Le fait important qu'il faut dénoncer dans la citation ci-dessus, c'est que l'*aoûtat,* larve du *trombidion,* n'est pas un insecte ; c'est un arachnide, de la sous-classe des acariens. La différence est grande : les insectes ont six pattes, les araignées en ont huit, et le trombidion ou aoûtat (appelé aussi *rouget,* ou encore *bête rouge,* en divers points du pays) est un parent des araignées, non des mouches ou des fourmis.

REMARQUES : 1° Sur le couple *qu.* Nous disons bien qu'en français, et en début de syllabe, les deux lettres sont inséparables ; mais le *q* s'emploie aussi en fin de syllabe et de mot sans voyelle accompagnatrice, dans des patronymes comme Leclercq, Vicq d'Azyr, etc., et quelques toponymes comme Lacq, Montcuq, Ourcq, etc. De plus, dans la transcription de certaines langues, notamment de l'arabe, il est constant d'utiliser la consonne *q* non suivie d'un *u : qasida,* poème ; *qibla,* direction de La Mecque ; le *Qatar,* État du golfe Persique. – 2° Sur l'aoûtat. S'il s'était agi d'une licence littéraire, nous n'aurions point relevé le quiproquo, car autrefois, avant la classification zoologique, le sens du terme *insecte* était très étendu ; il englobait les serpents, les crapauds, les vers de terre, etc. Ainsi, dans « Le villageois et le serpent » (*Fables,* VI, 13), La Fontaine écrit : *L'insecte sautillant cherche à se réunir,* à propos d'un reptile qu'un paysan a coupé en trois. Mais Cuvier est passé par là ; or l'article auquel nous empruntons l'extrait cité plus haut est signé d'un docteur et paraît suffisamment scientifique pour qu'on en attende une certaine rigueur dans le choix du vocabulaire.

191 **« À l'université de Yale ou au Centre de Georges Pompidou ? »**

Coïncidence renouvelée quand [...], à l'université de Yale, il tomba sur une enveloppe contenant un manuscrit de la Grande Valse brillante. (*France-Soir,* 13 janvier 1989)

Il s'agit du pianiste Byron Janis découvrant une variante inédite d'une œuvre de Chopin. Il ne fallait pas écrire *université de Yale,* mais *université Yale.* Cette université porte le nom d'*Elihu Yale,* bienfaiteur du *college* de New Haven (Connecticut) devenu université en 1887. Écrire *université de Yale,* c'est donner à croire que *Yale* est un nom de ville, et c'est en quelque sorte prendre non Le Pirée pour un homme (La Fontaine, « Le singe et le dauphin », *Fables,* IV, 7), mais un homme pour Le Pirée !

192 **Sir Charles et Mister Smith**

Sir Charles Frossard a suivi des études de droit normand à Caen. [...] Sir Frossard a été nommé par la reine... (dans un quotidien du soir pourtant réputé pour la culture de ses collaborateurs, 29 novembre 1988)

C'est une faute que de faire suivre directement *Sir,* titre de noblesse, du nom de famille. Le prénom est obligatoire, avec ou sans le patronyme. Il faut écrire *Sir Charles Frossard,* ou *Sir Charles* ; en aucun cas « *Sir Frossard* » n'est tolérable ! Dites bien : *Sir Winston Churchill,* ou : *Sir Winston* ; de même : *Sir Charles Chaplin,* ou : *Sir Charles* ; mais jamais « *Sir Churchill* », ni : « *Sir Chaplin* ». À défaut du prénom, on peut toutefois n'en mettre que l'initiale ; le *Harrap's Dictionary* admet : *Sir W. Scott* aussi bien que : *Sir Walter Scott.* On met indifféremment une majuscule ou une minuscule à *Sir* ou *sir* dans cet emploi (majuscule dans le *Harrap's,* minuscule chez Larousse).

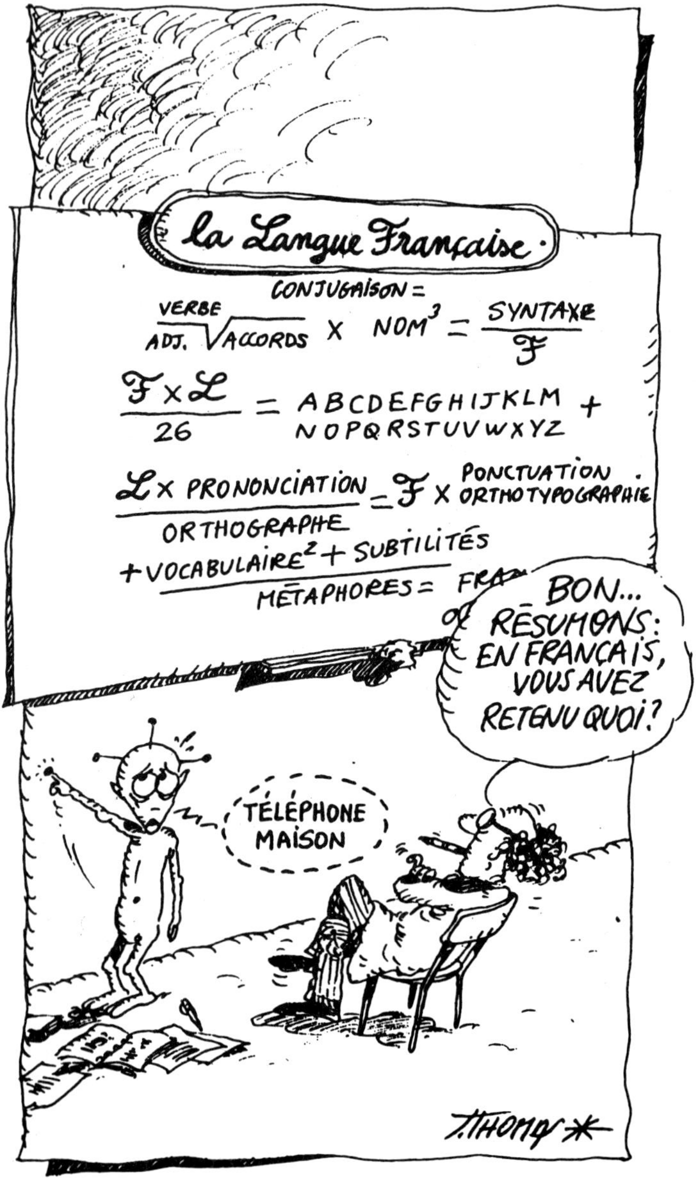
la Langue Française.
CONJUGAISON =
VERBE
ADJ. √ACCORDS X NOM³ = SYNTAXE / F
F x L / 26 = ABCDEFGHIJKLM + NOPQRSTUVWXYZ +
L x PRONONCIATION / ORTHOGRAPHE = F x PONCTUATION . ORTHOTYPOGRAPHIE
+ VOCABULAIRE² + SUBTILITÉS / MÉTAPHORES =
BON... RÉSUMONS : EN FRANÇAIS, VOUS AVEZ RETENU QUOI ?
TÉLÉPHONE MAISON
T. Thomas

X. Problèmes

Nous sommes très conscients du fait qu'à trop mettre en relief et en avant les fautes commises contre le français on risque de donner, à ceux qui auraient envie de l'apprendre, l'impression que c'est une langue difficile. Et, peut-être, de les décourager.

Il faut s'entendre à ce sujet.

Le français n'est pas écorché par tout le monde, et quelques solécismes oraux par-ci par-là, quelques barbarismes régionaux aussi (par exemple le « si j'aurais voulu », « si je viendrais », courant en Picardie) émaillant pittoresquement les propos, ne portent pas à une langue un tort irrémissible. Nous avons vu en outre qu'à l'étranger beaucoup de gens font honneur au français. Et puis, il y a les écrivains – les anciens, les modernes, les contemporains ; presque tous donnent l'exemple du français pur, et, parmi les auteurs récents eux-mêmes, une fois écartés les abscons et quelques hurluberlus, on connaît bien ceux qu'il convient de se proposer pour modèles. C'est surtout dans la presse et sur les ondes que se répandent des fautes tenaces, incorrigibles, et c'est de là qu'elles passent dans le public, qui les reçoit et les accepte comme du bon pain.

Les difficultés, les obstacles du français, on en a vite fait le tour ; même si dans la pratique l'automatisme tarde à venir, si l'on commet encore quelques incorrections vénielles, si l'on n'est pas tout à fait exempt d'hésitation pour l'accord du participe passé (par exemple dans les phrases où se rencontre la particule *en*), il faut se dire qu'on fera mieux la prochaine fois, avec un peu de réflexion.

De là à ce que le français ne pose aucun problème, il y a naturellement de la marge. Pour l'étranger qui l'apprend, ce ne sont pas tant les incorrections à éviter qui constituent un obstacle, mais plutôt les

innombrables subtilités et métaphores qu'il recèle ou qu'il permet. Vous dites à un étranger : *Je vous quitte,* il comprend aussitôt que vous partez ; dites-lui : *Je vous tire ma révérence,* et il ouvre de grands yeux étonnés. Même s'il sait ce que c'est qu'une révérence, pourquoi la *tirer* ? On tire un fil, une sonnette d'alarme, un coup de fusil, on tire une photo, mais une révérence ? À un ami hollandais qui parle bien notre langue nous disions un jour : *Je vais me hâter, je mettrai les bouchées doubles,* et nous le vîmes rester baba ; on dut lui expliquer que *mettre les bouchées doubles* pouvait signifier, au figuré : « faire double tâche », « travailler d'arrache-pied »... et pourquoi *d'arrache-pied* ? Encore un problème pour lui ! Ces locutions, qui confèrent au français une richesse incomparable de nuances et d'images, donnent plus de tintouin à l'étranger qui veut apprendre à le bien parler et à le bien saisir que les bévues linguistiques dont l'ignorance parsème l'écrit et jonche les propos hertziens.

Est-ce à dire qu'il n'y a pas de problèmes de français pour le Français ? Évidemment, qu'il y en a ! Des correcteurs en rencontrent encore, qui pourtant sont dans le métier et sur la brèche depuis trente ou quarante ans. Le contraire serait étonnant. Le premier économiste de France avouera que, malgré son éminence dans la spécialité, il est préoccupé par des problèmes d'économie. Dans les plus hautes sciences, vous trouverez des savants qui resteront perplexes devant des problèmes qui, peut-être, vont jusqu'à troubler leurs nuits. L'autre jour, un théologien a pondu un article sur les problèmes de la foi ! Et l'on voudrait que l'usage du français ne pose aucun problème !

Certains problèmes étant donnés, tout le monde n'y apportera sans doute pas la même solution.

Quelques-uns optent pour la suppression du problème lui-même. Par exemple, estimant trop compliquée la règle d'accord des participes passés, ils préconisent l'invariabilité de celui-ci, au moins dans certains cas, dont la discrimination créera un nouveau problème, superposé aux ruines de l'ancien. Ceux qui ne savent rien et qui ne veulent rien apprendre pourraient aussi déposer une motion en mathématiques pour exiger la suppression des théorèmes. La difficulté de l'accord du participe passé est une vieille redite, qui ne résiste pas à une laconique explication. Quant aux incohérences orthographiques, c'est peu de chose : une réforme raisonnable, ou une tolérance sur le choix entre deux graphies, suffit pour que le problème disparaisse.

D'où viennent donc, alors, les problèmes rencontrés ? La plupart proviennent du style. Quiconque écrit possède un style particulier, une manière à lui d'exprimer sa pensée. Il faut que cette manière, ce style, convienne et concorde à ce qui fait l'agencement même et le mécanisme de la langue, sinon c'est du jargon, du charabia.

Certes, une école existe et prospère qui fait fi, notamment en matière de poésie, des principes qui donnent à la langue française son ordonnance majeure et en font un instrument supérieur d'*expression* et de *compréhension* (car à quoi bon s'*exprimer* si ce n'est pour être *compris* ?). Dans une lettre de lecteur récemment publiée par un quotidien parisien, il était fait mention d'une assemblée de poètes qui, proclamant les droits imprescriptibles (que nul ne conteste) de ceux-ci, avait déclaré la guerre à « l'oppression syntaxique » et à « la signification première des mots ». C'est enfoncer une porte ouverte : la poésie échappe aujourd'hui aux règles du langage, de la grammaire, de la sémantique et de la ponctuation ; elle ne s'exprime jamais « sans quelque méprise » et le fait même de préférence en langage codé. La situation n'est pas nouvelle ; cette libération, si c'en est une, fut le souci d'André Breton dès 1924, et, bien avant lui, de Lautréamont et de Charles Cros, et aussi de Lycophron, vers 300 av. J.-C. Nos références sont plus exactes que celles du lecteur en question, qui, à l'appui de sa doctrine, citait Baudelaire, Lamartine et Victor Hugo ; or, si tous les trois ont, effectivement, joué à leur époque un rôle novateur et même révolutionnaire, aucun d'entre eux n'a jeté le moindre grain de sable dans le mécanisme d'une langue qu'ils maniaient comme un objet sacré. Des audaces de style, des trouvailles de vocabulaire, mais jamais une transgression affectant le fonctionnement idiomatique ; parfois, très rarement, chez Lamartine par exemple, une tournure latine un peu discutable en français, vestige des humanités de collège ; mais aucune infraction, rien qui viole la loi à laquelle ils se jugeaient volontairement soumis. En appeler à ces trois grands poètes pour justifier une rébellion contre les fondements organiques de la langue est une imposture. Victor Hugo, troisième cité, se glorifiait certes d'avoir « mis un bonnet rouge au vieux dictionnaire », mais, dans le même poème, il décrétait – nous l'avons déjà rappelé plus haut : « Guerre à la rhétorique et paix à la syntaxe ! » (*les Contemplations,* I, VII, vers 121).

Nous voilà bien loin d'un soulèvement contre l'« oppression syntaxique » !

Ainsi que l'attestent quelques exemples dans la partie du présent livre consacrée aux conjugaisons, une des difficultés réelles du français réside dans ses verbes du 3ᵉ groupe. Les formes en sont si diverses qu'il faut faire appel à la mémoire pour ne pas se tromper. Ce n'est pas un caprice de dilettantes ou de mandarins qui est à l'origine, c'est l'évolution même du langage qui a déterminé cette hétérogénéité morphologique. La tendance est de ne plus créer que des verbes du 1ᵉʳ groupe *(électrifier, médiatiser)* ou, subsidiairement, du 2ᵉ *(alunir)* ; mais une langue dont tous les infinitifs se termineraient par *-er* ne serait-elle pas plate et monotone ? On n'a pas craint cet inconvénient en esperanto, où la désinence verbale est unifiée temps par temps, mais il s'agit d'une langue auxiliaire créée scientifiquement, sans autres antécédents historiques que ses racines extraites de plusieurs idiomes. En français, il est trop tard pour remédier à cela : il faut faire l'effort d'apprendre à conjuguer. Un problème facile à résoudre.

À part quelques petits cas restés litigieux et qu'on tranche *ad libitum,* les problèmes suscités par l'usage du français sont justiciables de la logique et de la raison, hors desquelles il ne saurait y avoir que pathos et pataquès. On parle pour être ouï, on écrit pour être lu ; et les deux pour être compris.

*
* *

193 De l'utilité de l'accord du participe

L'un des bandits tué par la police était porteur d'une grenade.

Cette phrase ne présente rien de fautif. Nous la citons seulement pour montrer quelle obscurité se répandrait sur la langue française si, comme le demandent certains, les participes passés devenaient invariables, à l'instar de l'anglais. Tant que les participes sont variables, une telle phrase indique que, parmi plusieurs bandits, la police en a tué un, mais un seul. Si les participes ne s'accordaient plus, *tué* s'écrirait sans *s* final dans tous les cas, quel que soit le nombre des tués. Il est vrai qu'on objectera que, sans auxiliaire, ce participe est adjectivé et, de ce fait, deviendrait variable ; mais ce serait avoir supprimé une règle pour en imposer une autre, avec fort peu d'avantage réel.

194 « Un sérieux et difficilement soluble problème »

Non, les actuels retraités n'ont pas tous une vie idyllique. (lettre de lecteur à Ménie Grégoire parue le 9 janvier 1990 dans *France-Soir*)

Les actuelles grèves n'auront pas été complètement inutiles puisqu'elles auront permis à M. Michel Rocard de formuler une nouvelle règle du jeu syndical. (*France-Soir,* 2 décembre 1988)

On ne peut prétendre qu'il y ait faute à dire ou à écrire *les actuels retraités* ou *les actuelles grèves,* encore que Littré, déjà alerté sur la question, ait spécialement recommandé de mettre l'adjectif après le substantif qualifié. Il est cependant permis, d'accord avec le célèbre lexicologue, de dénoncer comme abusive cette habitude en expansion, imputable à l'anglomanie, de placer systématiquement l'adjectif *actuel(le)* devant le nom qu'il qualifie. Sa place normale est derrière : *les grèves actuelles, la situation actuelle, le cours actuel du dollar,* ainsi est-il conseillé d'écrire, et vous reconnaîtrez que bien souvent la phrase est plus élégante et coule beaucoup mieux à la lecture. Cela dit, il n'est pas interdit de mettre l'adjectif en premier si le substantif est suivi de compléments qui l'en éloigneraient par trop ; exemple : *l'actuelle organisation territoriale néo-calédonienne,* plutôt que : *l'organisation territoriale néo-calédonienne actuelle* ; mais c'est une exception.

195 **« La métallurgie des métaux métalliques »**

De l'usage de l'atome à la qualité des opérations chirurgicales, de la conquête des planètes à la métallurgie des métaux, des énergies nouvelles aux produits de synthèse, nous savons où se trouve l'immense armée des savants et des chercheurs. (Michel Debré, *Discours de réception à l'Académie française,* 19 janvier 1989)

Il serait outrecuidant de notre part, à nous chétifs, de reprendre un académicien sur un passage de son discours, texte sans doute lu, relu et échenillé avant d'être prononcé. Il ne nous viendrait même pas à l'esprit de faire observer que, dans ce lambeau de phrase : « nous savons où se trouve l'immense armée des savants », l'élément du verbe *savoir* paraît deux fois à très peu d'intervalle et crée une allitération peut-être non souhaitée. C'est donc avec une extrême prudence que nous mettrons le doigt sur cette expression : *la métallurgie des métaux.* Une question se pose à nous : existe-t-il une autre métallurgie que celle-là ? Il nous semble que toute métallurgie, même si elle embrasse des secteurs comme le traitement des alliages et des poudres métalliques, implique la présence du métal, d'un métal quel qu'il soit, sinon de quelle métallurgie s'agirait-il ? M. Debré a-t-il voulu écrire : *des métaux rares* et le mot manquant a-t-il sauté à la composition ? Simple hypothèse, mais qui nous incline à la circonspection.

196 Faut-il un mot après *avant* ?

Le chroniqueur linguistique d'un quotidien du Centre a relevé dans une formule publicitaire la phrase suivante : *Il aurait fallu le dire avant*. En un article intitulé « Débilité » (27 juin 1989), il observe : « Non. Le mot *avant* est une préposition, non un adverbe. Par conséquent,"il aurait fallu le dire *auparavant* – ou *plus tôt*". » L'auteur de cette critique s'est visiblement borné à effleurer un sujet qui ne supportait pas un tel laconisme. Essayons de développer un peu le propos. Si l'on fait la synthèse de ce qu'en disent Littré, Larousse, Robert, Quillet et l'Académie, *avant* est une préposition qui, à l'occasion, peut être employée adverbialement, c'est-à-dire qu'elle peut devenir adverbe ; l'Académie précise : « ... par ellipse du complément » ; et le Dictionnaire des Immortels donne cet exemple : « Nous voici de nouveau au complet *comme avant*. » Sans doute, dans cette phrase, le purisme préférerait-il *auparavant* ; mais doit-on être puriste ? L'auguste lexique indique : « On dit de préférence *auparavant* » ; un jour, ce « on dit » cédera peut-être la place à : « on devrait dire », et, plus tard encore, à : « on disait autrefois ». À notre époque de grande hâte, l'ellipse est de plus en plus pratiquée, de même que l'aphérèse et l'apocope, et l'on peut soutenir qu'*avant* n'est autre qu' « auparavant » abrégé par aphérèse. Cela mis à part, s'en tenir à n'accepter *avant* en qualité d'adverbe que dans des locutions comme *bien avant, fort avant,* qui sont désuètes, ou *en avant,* position qui était encore celle de Littré en 1863 et même de Quillet en 1938, c'est livrer un simple combat de retardement. Robert lui-même entérine l'emploi adverbial comme correct dans ces exemples : *Quelques jours avant* (que fournit aussi l'Académie), *Je l'ai cité avant.* Certes, dans la formule publicitaire critiquée par le chroniqueur, il eût été excellent d'écrire : *Il fallait le dire plus tôt* ; mais tout le monde a dit un jour ou l'autre : *J'avais rendez-vous à 5 heures, je suis arrivé avant.* Puisque beaucoup d'adjectifs peuvent être employés comme adverbes, pourquoi pas une préposition ?

On conviendra au moins qu'elle n'est pas la seule à tolérer cet emploi : *Je ne l'ai su qu'après* est décidément correct. Ne le sont peut-être pas encore, mais tendent à le devenir, poussés par le vent de l'histoire et la vague populaire, les *Cela s'est passé pendant, Il faut faire avec, C'est un jour sans, C'est étudié pour...*

197 Omnisport, comme quadriréacteur

PALAIS OMNISPORTS, tel est le nom d'un important édifice construit au cours des années 80 à Paris, dans le quartier de Bercy. – Mais on peut lire, à l'entrée d'un espace du fort de Villeneuve-Saint-Georges (Val-de-Marne), centre d'instruction de la brigade de sapeurs-pompiers de Paris : *PLATEAU OMNISPORT.*

Qui a raison ? La municipalité de Paris ou les pompiers ? Si l'on s'en rapporte au Petit Larousse illustré, on écrira *omnisports,* mot enregistré, avec un *s* final, comme « adj. invar. » signifiant « Où l'on pratique tous les sports ».

En dépit de cette autorité, et de celle des édiles parisiens, on n'aura jamais tort d'écrire *omnisport,* au singulier, sans *s* final, et de n'ajouter celui-ci qu'au pluriel. La graphie *plateau omnisport* remarquée au fort de Villeneuve est parfaitement correcte. Certes, le préfixe latin *omni-* veut dire « tous », mais un préfixe n'influe pas obligatoirement sur le nombre du vocable qu'il modifie. Par exemple, on n'écrit pas « *une bicyclettes* » sous prétexte que ce véhicule individuel a deux roues (du latin *bis,* « deux fois » et du grec *kuklos,* « cercle »), ni « *un quadriréacteurs* » en alléguant que les avions de ce genre sont propulsés par quatre réacteurs ; on écrit bien : *une bicyclette, un quadriréacteur.* De même, *un myriapode,* en dépit de ses nombreuses pattes (du grec *murias,* « dix mille », et *podos,* « pied »). On écrit certes *mille-pattes* avec un *s* final (voir p. 110), mais avec un trait d'union entre les deux mots composants. En conséquence, *palais omnisport, plateau omnisport,* sont, au singulier, des graphies excellentes, recommandables, conformes à la formation traditionnelle du français. – Ajouter un *s* au pluriel, bien entendu.

198 Indicatif ou subjonctif

Tous ceux qui, depuis de longues années, luttent pour protéger l'environnement ne peuvent que se réjouir de ce que la communauté internationale s'émeuve enfin des conséquences catastrophiques... (dans un quotidien du soir, 23 mai 1989)

Cette phrase est irréprochable. Nous ferons simplement remarquer que le subjonctif *s'émeuve* dans la proposition subordonnée n'était pas obligatoire. Il aurait été tout aussi correct d'écrire : *s'émeut,* puisqu'il s'agit d'un fait avéré. En effet, si l'on comprend bien la pensée de l'auteur, la communauté internationale s'émeut réellement, la chose est constatée, ce n'est pas une supposition ni un souhait. En pareil cas, précisément, le choix est permis entre l'indicatif et le subjonctif, ce dernier suggérant un vœu ou un doute. Cela dit, l'auteur a choisi, et c'est lui qui persiste et signe.

199 D'ici jeudi ou d'ici à jeudi ?

La direction des personnels de l'Enseignement a reçu l'ordre de ne plus signer aucune demande de congés spéciaux d'ici la rentrée 90. (*le Canard enchaîné*, 17 janvier 1990)

Nous ne prétendons pas que le français, dans cette phrase, soit écorché de quelque façon. Ce nous sera seulement l'occasion de signaler que des usagers et des correcteurs particulièrement attentifs et scrupuleux ajoutent, en pareil cas, la préposition *à* derrière l'adverbe *ici*, ce qui donnerait en l'occurrence : *d'ici à la rentrée 90*. Ils font une distinction entre deux notions chronologiques, celle de *délai*, qui exclut la préposition : *d'ici quinze jours, d'ici deux ans*, et celle d'*échéance*, qui au contraire réclame la préposition : *d'ici à la Toussaint ; d'ici à la fin du siècle, le 31 décembre 2000*. – Dans le cas d'échéance, une exception : *d'ici là*. Il s'agit d'une locution figée, qui refuse la préposition *à* bien que *là* soit évidemment une échéance.

200 Le beau sexe est-il un bon genre ?

Nous ne pensons pas que l'État ait vocation de légiférer ou de statuer en matière linguistique. Tout au plus une prise de position acquiert-elle un peu plus de relief quand elle a pour auteur un personnage nimbé du prestige gouvernemental. Une partie de la presse s'est régalée, à la fin de l'année 1989, du texte de la carte de vœux qu'a envoyée à la ronde Mme Michèle André, secrétaire d'État chargée des droits de la femme. *Le Canard enchaîné* en a publié le fac-similé en page 5 de son numéro du 17 janvier 1990 :

« Que Noël, la nouvelle année et toutes les fêtes de fin d'année soient bons. » Ici, un astérisque ponctue le mot *bons* et renvoie à une note ainsi conçue : « Dans une succession de mots, il suffit qu'un seul soit du genre masculin pour que l'adjectif se rapportant à tous s'accorde au masculin, c'est dire l'étendue de notre tâche. »

Le sens est clair : depuis la nuit des temps le mâle opprime la femme ; en 1990 encore, le masculin l'emporte sur le féminin jusque dans l'accord des mots ; preuve que nous autres, pauvres déshéritées, ne sommes pas au bout de nos peines avant de voir reconnaître nos droits piétinés par les *machos*.

Il est légitime que les femmes revendiquent et défendent leurs droits et que, dans tous les domaines, elles soient socialement au même niveau que les hommes. L'un des auteurs du présent livre était, en 1933, un des jeunes compagnons de Victor Margueritte quand ce grand écrivain publia *Nos égales* aux éditions Flammarion. Nous ne contestons rien de ce qu'elles peuvent réclamer chaque fois qu'elles s'estiment défavorisées par rapport à leurs partenaires masculins. Mais nous pensons qu'il n'est pas pertinent d'assimiler le genre des mots au sexe des personnes. Traitant ici des accords, où sont concernés les substantifs, les adjectifs et les verbes, notamment au participe passé, nous n'examinerons la question que sous l'angle grammatical ; le débat politique se situe et se déroule ailleurs.

Le Canard enchaîné a objecté : « Pourtant, on dit bien "la" Noël, non ? » Simple boutade, évidemment. *Noël* est un substantif masculin ; on ne dit *la Noël* que par ellipse, la locution signifiant : *la [fête de] Noël*. Le rédacteur de l'hebdomadaire satirique le sait pertinemment, et ce serait lourde pédanterie que de prétendre le lui enseigner ! La carte de vœux de Mme Michèle André comporte donc bien deux noms féminins et un seul nom masculin, lequel détermine l'accord de l'adjectif pluriel *bons*. La règle d'accord est en effet celle qu'énonce la secrétaire d'État : du moment qu'il y a un nom masculin dans le lot, l'adjectif s'accorde au masculin, même lorsque tous les autres substantifs, et si nombreux soient-ils, appartiennent au genre féminin.

Nous ignorons si Philippe Bouvard a eu raison d'écrire, dans *France-Soir* du 18 janvier 1990, à propos de cette carte de vœux : « On peut s'attendre que le programme d'action gouvernemental établi [...] en faveur des représentantes du sexe prétendu faible leur offre des réformes grammaticales et des aménagements sémantiques. » Dans le cas de la phrase proposée, et si des réformes sont dans l'air, nous aimerions bien savoir lesquelles. De quelle façon réformer la règle énoncée ci-dessus et si bien – quoique avec regret – observée par Mme André ?

En l'état actuel de la « législation » grammaticale, on doit, par exemple, écrire : *M. le curé et trente et une dévotes sont entrés alors dans l'église.* Cet accord au masculin semble évidemment scandaleux à quiconque s'obstine à confondre sexe et genre. En effet, comment justifier que le curé, seul du sexe masculin, l'emporte en genre sur ses ouailles, qui sont au nombre de trente et une ? Un égalitarisme rigoureux exigerait une réforme. La première idée qui vient à l'esprit est d'inverser l'accord à l'avantage des femmes, puisque, dans cette phrase, elles sont de beaucoup les plus nombreuses. Cela donnera : *M. le curé et trente et une dévotes sont entrées dans l'église.* Nous posons la question : tout le monde est-il d'accord (c'est le mot qui convient) ? Si oui, nous contresignons. Il faut, naturellement, interroger le curé, les dévotes et Mme Michèle André.

En cas d'opposition, il restera la solution de neutraliser l'accord. Mais le neutraliser comment ? Dans l'esprit des grammairiens, l'accord au masculin quand les sujets sont mixtes n'est pas une suprématie conférée à l'homme sur la femme, non plus qu'à un genre sur l'autre, c'est une neutralisation. On en reviendrait alors à la solution première, objet de la contestation féministe. Tout ce qu'on pourrait faire de mieux serait de renforcer la neutralité de l'accord en l'étendant du genre au nombre, donc en supprimant le pluriel participial : ... *sont entré alors dans l'église.* Cela ravirait les partisans de l'invariabilité du participe passé. Après tout, l'adjectif numéral cardinal *trente et une* reste bien invariable ! Mais un souci logique d'équilibre demanderait peut-être aussi qu'on écrivît : ... *est entré,* ce qui, pour trente-deux personnes, ne manquerait pas de pittoresque.

On trouvera bon que nous opinions pour le *statu quo.* La perfection n'est pas de ce monde, et, comme il faut bien se prononcer pour une manière de faire, qu'aucune n'est exempte de défaut ou de reproche, il nous paraît recommandable de laisser les choses en l'état, en attendant mieux.

Les questions d'accord, quand elles ont trait *réellement* à la personnalité féminine, doivent être examinées avec sérieux. Cela arrive quelquefois. Nous reproduisons ci-dessous un document officiel, portant le sceau de l'État, qui traite d'une de ces questions, car le féminin des substantifs a un rapport étroit avec les règles d'accord grammaticales.

Il s'agit d'un texte publié au *Journal officiel* du 16 mars 1986, à savoir la circulaire du 11 mars de la même année « relative à la féminisation des noms de métier, fonction, grade ou titre ».

Dans une lettre préliminaire, le premier ministre de l'époque, M. Laurent Fabius, exposait les raisons de cette circulaire ; en voici l'essentiel (nous normalisons la ponctuation, parfois défectueuse) :

« L'accession des femmes, de plus en plus nombreuses, à des fonctions de plus en plus diverses est une réalité qui doit trouver sa traduction dans le vocabulaire.

» Pour adapter la langue à cette évolution sociale, Mme Yvette Roudy, ministre des Droits de la femme [le *J.O.* écrit : « droits » avec un d minuscule], a mis en place, en 1984, une commission de terminologie chargée de la féminisation des noms de métier et de fonction, présidée par Mme Benoîte Groult.

» Cette commission vient d'achever ses travaux et a remis ses conclusions. Elle a dégagé un ensemble de règles permettant la féminisation de la plupart des noms de métier, grade, fonction ou titre. [...] »

Voici maintenant ces règles, définies en annexe :

« Les féminins des noms de métier, fonction, grade ou titre sont formés par application des règles suivantes :

» 1. L'emploi d'un déterminant féminin : une, la, cette.

» 2. *a*) Les noms terminés à l'écrit par un "e" muet ont un masculin et un féminin identiques : une architecte, une comptable...

» *Remarque.* – On notera que le suffixe féminin "esse" n'est plus employé en français moderne : une poétesse...

» *b*) Les noms masculins terminés à l'écrit par une voyelle autre que le "e" muet ont un féminin en "e" : une chargée de mission, une déléguée...

» *c*) Les noms masculins terminés à l'écrit par une consonne, à l'exception des noms se terminant par "eur", ont :

» – un féminin identique au masculin : une médecin... ;

» – ou un féminin en "e" avec éventuellement l'ajout d'un accent sur la dernière voyelle ou le doublement de la dernière consonne : une agente, une huissière, une mécanicienne...

» *d*) Les noms masculins terminés en "teur" ont :

» – si le "t" appartient au verbe de base, un féminin en "teuse" : une acheteuse... ;
» – si le "t" n'appartient pas au verbe de base, un féminin en "trice" : une animatrice...
» *Remarques :*
» – l'usage actuel a tendance à donner un féminin en "trice", même à des noms dans lesquels le "t" appartient au verbe de base : une éditrice... ;
» – dans certains cas, la forme en "trice" n'est pas aujourd'hui acceptée ; dans ce cas, on emploiera un féminin identique au masculin : une auteur...
» *e*) Les autres noms masculins terminés en "eur" ont, si le verbe de base est reconnaissable, un féminin en "euse" : une vendeuse, une danseuse...
» *Remarque.* – Le suffixe féminin "esse" n'est plus employé en français moderne : une demanderesse...
» Si le verbe de base n'est pas reconnaissable, que ce soit pour la forme ou le sens, il est recommandé, faute de règle acceptée, d'utiliser un masculin et un féminin identiques : une proviseur, une ingénieur, une professeur... »

L'application de cette circulaire était recommandée à « mesdames et messieurs les ministres et secrétaires d'État [...] dans les décrets, arrêtés, circulaires, instructions et directives ministériels ; dans les correspondances et documents qui émanent des administrations, services ou établissements publics de l'État ; dans les textes des marchés et contrats [...] ; dans les ouvrages d'enseignement, de formation ou de recherche [...] ». Le premier ministre ne parlait pas d'étendre cette application hors du domaine de l'État. Toutefois, il n'est pas interdit au secteur privé, ni au public en général, d'en tenir compte ; les règles énoncées nous paraissent avoir été étudiées d'une façon sensée et rationnelle.

Que la circulaire règle tous les cas, c'est une autre affaire. Ainsi, malgré le discrédit du suffixe *esse,* on entend ou on lit parfois *une cheffesse ;* mais il est exact que l'usage tend à dire plutôt *la chef'* et à écrire *la cheffe,* tandis que le scoutisme se sert du mot *cheftaine* (né vers 1911 selon Robert), tiré de l'anglais *chieftain,* lui-même issu de l'ancien français *chevetaigne* ou *chevetain* (XIIe-XIVe s. selon Grandsaignes d'Hauterive), « capitaine », « seigneur ». L'usage tranchera, mais, évidemment, la finale *-fesse* est un handicap, sinon une condamnation ! La disqualification du suffixe *-esse* n'en est pas moins regrettable et injuste si l'on se souvient qu'il entre dans *abbesse, chasseresse* (ô pauvre Diane !), *comtesse, déesse, duchesse, maîtresse, patronnesse, princesse,* sans oublier *papesse* (ô pauvre Jeanne !) et *Suissesse* ! Le fait que ces mots soient antérieurs au français dit « moderne » refléterait-il l'évolution populaire d'une langue qui a peut-être rejeté ce suffixe parce qu'il avait orné trop de mots nobles ?

À noter, anecdotiquement, que le *Dictionnaire des rimes* de Pierre Desfeuilles enregistre le mot *ministresse,* que, par conformité à la circulaire du 11 mars 1986, il serait malséant d'employer, surtout si l'on parle de Mme Yvette Roudy... À noter aussi que le dernier alinéa de la circulaire implique qu'on doit dire et écrire *une ambassadeur,* ce qui laisse intacte l'ancienne définition de *ambassadrice,* « femme d'un ambassadeur ». Quant à *doctoresse,* qui date de 1871 selon Robert, il est admis par les dictionnaires, et Robert le déclare « vieux » avec la note : « On dit plutôt *docteur* » ; il faudrait donc dire : *une docteur* et renvoyer la *doctoresse* à l'enfer des suffixes maudits.

Index

Table des matières

Le français retrouvé

collection dirigée par Jean Bouffartigue

1. **Trésors des expressions françaises**
2. **Trésors des racines grecques**
3. **Trésors des racines latines**
4. **Trésors de la politesse française**
5. **Trésors des racines pataouètes**
6. **Locutions et proverbes d'autrefois**
7. **Les noms de villes et de villages**
8. **Trésors des noms de familles**
9. **Aux sources des chansons populaires**
10. **Les mots du vin et de l'ivresse**
11. **Les mots de la philosophie**
12. **Dictons de la pluie et du beau temps**
13. **Dictons des bêtes, des plantes et des saisons**
14. **Les mots d'origine gourmande**
15. **Trésors des mots exotiques**
16. **Le français écorché**
17. **Les mots du cinéma**
18. **Les mots de la cuisine et de la table**
19. **Les mots de la francophonie**
20. **Les étymologies surprises**
21. **Les expressions bibliques et mythologiques**
22. **Ce français qu'on malmène**
23. **Les mots de la mort**
24. **Les mots du costume**
25. **Les mots des régions de France**
26. **Les mots latins du français**
27. **Les mots de la religion chrétienne**
28. **Les mots de la médecine**
29. **Les mots de la fin du siècle**
30. **Les comparaisons du français**
31. **Les mots de la cyberculture**
32. **Les mots anglais du français**
33. **Les faux amis de l'anglais**
34. **Les mots des parcs et des jardins**
35. **Les mots du cirque**

Imprimé en France par Mame à Tours
N° d'imprimeur : (01102037) – N° d'édition : 001154-04
Dépôt légal : Novembre 2001